Dieses Workbook gehört:

_____ alias _____
Dein Name   Dein »Habit-Breaker«-Nickname
                                          (z. B. Mental Hero)

_____
Falls gefunden, bitte zurück an: E-Mail Adresse/Telefon

_____
Startdatum

Sabrina Haase arbeitet seit ihrem Studium der Sportwissenschaft und Psychologie als Mental Trainerin in Hamburg. Ob frisch gebackene Mutter, Führungskraft oder Sportler – sie unterstützt alle Menschen mit dem Wunsch, ihr volles Potenzial zu entfalten und persönliche Ziele zu erreichen. Zu ihren Schwerpunkten gehören Verhaltensänderung, Persönlichkeitsentwicklung, Resilienz und mentales Stressmanagement.
In ihren langjährigen Tätigkeiten als Coach, Dozentin und Referentin vermittelt sie seither wissenschaftlich gesicherte und erprobte Methoden für erfolgreiche Zielerreichung. Mit Ihrem Buch »Breaking Bad Habits« verbindet Sie diese Methoden erstmal in einem nachhaltig wirksamen Coaching-Tool. Mit ihrem Unternehmen DynaMe berät sie darüber hinaus Organisationen bei der betrieblichen Gesundheitsförderung und Führungskräfteentwicklung.
Weitere Infos und passende Breaking Bad Habits Workshops: https://performance-institute-hamburg.de

Sabrina Haase

Schlechte Gewohnheiten loswerden in 66 Tagen

Dein Arbeitsbuch

TRIAS

Inhalt

5 Intro

6 Wie du zum echten Habit Breaker wirst!

6 Die Macht der Gewohnheit
8 Für wen ist dieses Buch geeignet?
8 Was dich erwartet …
9 Was du bekommst …
10 Die besten Methoden der Verhaltens- und Motivationspsychologie für maximalen Erfolg
12 Warum es funktioniert

13 Phase 1: Überzeugungen & Mindchange

14 Was ist dein Ziel?
15 Was ist dein »WARUM«?
16 Kosten-Nutzen-Check
17 Selbstwirksamkeits-Check

19 Phase 2: Planung & Strukturen

20 Passe deine Umwelt deinen Zielen an
21 Neue Ziele benötigen neue Routinen
22 Nutze die Kraft sozialer Unterstützung
23 WOOP – die mentale Strategie für echte »Habit Breaker«
26 Verankere dein Traumziel in deinem Alltag
27 Deine Fortschritte dokumentieren und belohnen

29 Phase 3: Aktion & Manifestation

30 Erster Action-Tag – just do it!
32 Dankbarkeit macht glücklich und erfolgreich
34 Lerne von deinen Vorbildern
36 Übernimm Verantwortung für dich und für andere
38 Stress hemmt deine mentale Stärke
40 Achtsamkeit für dich im Hier und Jetzt
42 Regeneriere wie ein Profi
44 Positive Glaubenssätze
46 Autogenes Training
48 Umgang mit Rückfällen
50 Yipppppiii – Ziel erreicht!

53 Habit-Breaker-Phase: Erfolgstagebuch & Wochencheck

114 Literaturverzeichnis

115 Notizen

Intro

Wie du zum echten Habit Breaker wirst!

66 Tage – wirksame Methoden aus der Verhaltenspsychologie – tägliche Übungen – inklusive Erfolgstagebuch

Dieses Buch wird dein Leben verändern, denn spätestens am Ende des Workbooks hast du die nötige mentale Power, um all deine Traumziele zu erreichen. Gewohnheiten zu verändern ist nicht leicht – das weißt du sicher aus eigener Erfahrung. Du nimmst dir etwas fest vor, etwa mehr Sport zu treiben oder weniger Alkohol zu trinken, und schwupps, ehe du dich versiehst, findest du dich am Ende des Tages in deinen alten Mustern wieder. Vielleicht suchst du dann wie gewohnt nach Ausreden oder fühlst dich von deinem schlechten Gewissen geplagt – so oder so ist deine Motivation an diesem Punkt im Keller. Und das liegt allein an der unersättlichen Macht deiner Gewohnheiten.

Die Macht der Gewohnheit

Gewohnheiten sind wie kleine Süchte, die sich durch bloße Vorsatzbildung allein nicht ändern lassen. Sie sind tief in deinem Gehirn verankert und beruhen auf einst bewusst getroffenen Entscheidungen, wie etwa dem obligatorischen süßen Snack am Nachmittag oder dem Glas Wein am Abend als Belohnung für die harte Arbeit. Je häufiger du diese Handlung jedoch ausführst, desto fester wird diese in deinem Gehirn als Gewohnheit verankert und durch deinen speziellen Auslöser zunehmend unbewusst automatisch ausgelöst. Das dabei ausgeschüttete Dopamin verstärkt diesen Effekt, indem du dich gut fühlst, sobald du der Gewohnheit nachgibst und du irgendwann bereits beim Gedanken daran großes Verlangen verspürst (siehe Abbildung »Die Entstehung von Gewohnheiten«). Das ist auch der Grund, weshalb sich 88 % aller Neujahrsvorsätze binnen weniger Tage in Luft auflösen.[1] Da reicht selbst die größte Entschlossenheit an Silvester nicht aus.

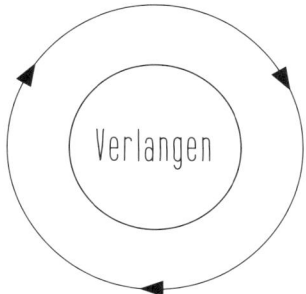

▲ Die Entstehung von Gewohnheiten

Dieser Automatismus von Gewohnheiten ist grundsätzlich nichts Schlimmes. Denn auf diese Weise sparst du viel Energie, um über alltägliche Tätigkeiten mühevoll nachzudenken. Stell dir vor, du müsstest beim täglichen Zähneputzen über jeden einzelnen Schritt nachdenken. Oder bei der Bedienung deiner Tastatur, um E-Mails zu beantworten. Wie viel Zeit und Energie würdest du dafür verschwenden? Jede Menge! Genauer gesagt, würde dein Gehirn dafür 20 % deiner gesamten Körperenergie verbrauchen,[2] was ziemlich ineffektiv ist, zumal tagtäglich wirklich wichtigere Tätigkeiten anfallen, für die dann deine Kapazitäten nicht mehr reichen würden. Glücklicherweise arbeitet dein

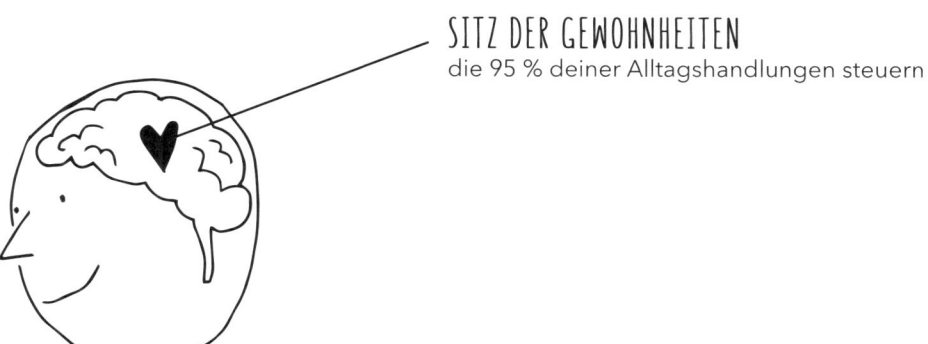

▲ Sitz deiner Gewohnheiten im limbischen System

Gehirn aber äußerst ökonomisch. So werden schätzungsweise bis zu 95 % deiner täglichen Handlungen unbewusst und automatisch über Gewohnheiten gesteuert,[3] die nur 2 % deiner gesamten Körperenergie beanspruchen. Dein Gehirn ist daher sehr bestrebt, jede wiederkehrende Tätigkeit als Gewohnheit im limbischen System abzuspeichern (siehe Abbildung »Sitz der Gewohnheiten im limbischen System«).

Je häufiger du etwas tust, desto mehr wird es zu deiner Gewohnheit – oder eben nicht! Das Problem dabei ist nur, dass dein Gehirn nicht zwischen guten und schlechten Gewohnheiten unterscheiden kann.[4] So können uns schlechte Gewohnheiten schnell zum Verhängnis werden.

Doch damit ist ab heute Schluss, denn mit diesem Arbeitsbuch erfährst du, wie du diesen Kreislauf ein für alle Mal durchbrechen kannst. »Breaking-Bad-Habits« liefert die besten wissenschaftlich fundierten Strategien aus der Motivationspsychologie für nachhaltige Verhaltensänderung, zusammengefasst in einem übersichtlichen Arbeits- und Erfolgstagebuch. Die täglichen Übungen unterstützen dich dabei, Schritt für Schritt dein Denken und Verhalten nachhaltig zu verändern – ganz ohne Druck, Stress und schlechtes Gewissen. Mit bloßen (Neujahrs-)Vorsätzen ist es nun vorbei – ab heute heißt es durchstarten!

Für wen ist dieses Buch geeignet?

- für alle, die ein bestimmtes Verhalten oder eine Gewohnheit dauerhaft verändern möchten, wie etwa mit dem Rauchen aufhören, weniger Smartphone nutzen, weniger Alkohol trinken, sich weniger stressen, gesünder essen, abnehmen, mehr Sport treiben …,
- für alle, die mit ihren Vorsätzen mindestens 1x gescheitert sind,
- für alle, die ihre Ziele zu 100 % erreichen wollen,
- für alle, die ihre mentale Stärke, Selbstdisziplin und Willenskraft trainieren wollen,
- für alle Gesundheits-, Fitness- oder Ernährungscoaches, die ihre Maßnahmen über Kurzzeiteffekte hinaus nachhaltiger gestalten wollen.

Was dich erwartet …

Dein »Breaking-Bad-Habit«-Workbook begleitet dich für ganze 66 Tage – die Zeit, die wissenschaftlichen Berechnungen zufolge durchschnittlich für die dauerhafte Veränderung von Gewohnheiten nötig ist.[5] In dieser Zeit lernst du 21 Tage lang die besten mentalen Strategien kennen, um den Kreislauf deiner schlechten Gewohnheit zu durchbrechen und neue Erfolgsgewohnheiten aufzubauen. Dies erfolgt in drei aufeinander aufbauenden Phasen der Verhaltensänderung mit entsprechenden Coaching-Übungen:

1. Phase: »Überzeugungen & Mindchange« – für die Anpassung deiner inneren Einstellung und Überzeugung von der Wichtigkeit, der Sinnhaftigkeit, dem Nutzen und der Machbarkeit der dafür nötigen Schritte (Tag 1–4),

2. Phase: »Planung & Strukturen« – für die Anpassung deiner physischen Umwelt, Strukturen, sozialen Unterstützung und den Umgang mit Hindernissen (Tag 5–10),

3. Phase: »Aktion & Manifestation« – für den erfolgreichen Umgang mit Stress und Rückfällen, optimale Entspannung und Regeneration, Achtsamkeit, mentale Verankerung positiver Glaubenssätze UND tägliche Motivation mithilfe deines Erfolgstagebuchs (Tag 11–21).

Nach den drei Phasen hast du die nötige mentale Power, um dich als echter »Habit Breaker« unter Beweis zu stellen. In der sogenannten »Habit-Breaker-Phase« übst du nun eigenständig, ohne deine alte Gewohnheit zu leben. Dein Erfolgstagebuch mit Wochencheck wird dich bis zum 66. Tag bestmöglich dabei unterstützen!

Was du bekommst ...

66 Tage lang begleiten wir dich mit diesem Workbook bei deinem Start. Danach bist du auf dich gestellt. Denn spätestens zu diesem Zeitpunkt bist du ein echter »Habit Breaker« mit allen nötigen Voraussetzungen, dein neues Verhalten mithilfe deiner Überzeugung, deiner perfekten Umwelt und deiner unglaublichen Willenskraft aufrechtzuerhalten.

Behalte dabei immer im Blick, dass deine Willenskraft wie ein Muskel funktioniert und nur durch geeignetes Training – ohne eine Überlastung – gesteigert werden kann. Ähnlich wie beim Fitnesstraining gilt es daher, regelmäßig entsprechende Reize zu setzen – wie etwa durch deine positiven Glaubenssätze, Anker, soziale Unterstützung, »Wenn-dann-Pläne« für Hindernisse oder Rückfallprophylaxe. Nur so bleibst du dauerhaft dran, denn der Weg ist das Ziel. Verhaltensänderung hat kein Endziel – es ist immer ein Prozess, den

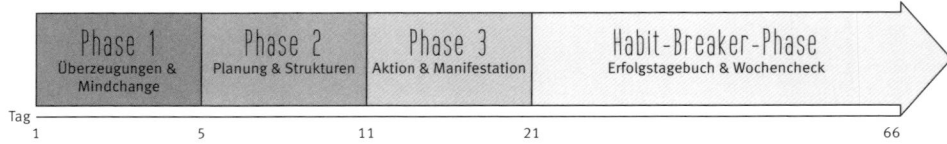

△ Die vier »Breaking-Bad-Habits«-Phasen

du täglich mit deinem Denken, deinen Entscheidungen und deinen Handlungen selbstbestimmt gestaltest. Es ist dein Lebensstil – jetzt, hier, in diesem Moment. Was du heute verbesserst, macht dich morgen stärker. Überzeuge dich selbst.

Die besten Methoden der Verhaltens- und Motivationspsychologie für maximalen Erfolg

1. 21 Tage lang dein persönliches Mental Training
In den ersten 21 Tagen erhältst du jeden Tag Coaching-Übungen, mit denen du deine »Breaking-Bad-Habit«-Fähigkeiten Tag für Tag stärkst, um dein Traumziel zu erreichen. Die Übungen dauern nicht länger als zehn min pro Tag und lassen sich einfach in deinen Alltag integrieren. Starte am besten morgens, um die richtigen Impulse mit in deinen Tag zu nehmen. Das Mental Training erfolgt in den ersten drei Phasen mit den für dich jeweils relevanten Übungen (siehe Abbildung »Die vier ›Breaking-Bad-Habits‹-Phasen«).

Sicherlich wirst du feststellen, dass nicht jede Methode perfekt zu dir passt oder gleich gut funktioniert. Das ist ganz normal. Wir Menschen sind alle verschieden und bringen unterschiedliche Voraussetzungen, Vorlieben und Erfahrungen mit. Probiere daher aus, welche Methoden bei dir am besten funktionieren, um deine Gewohnheiten dauerhaft zu verändern.

2. Dein Erfolgstagebuch
Ab der 3. Phase »Aktion & Manifestation« (Tag 11) wirst du täglich durch dein persönliches Erfolgstagebuch begleitet – bis zum 66. Tag! Das Erfolgstagebuch nimmt nicht mehr als 5 min pro Tag in Anspruch und wird morgens (3 min) und abends (2 min) ausgefüllt. Die Tagebuchmethode gilt seit Langem als sehr wirksame Methode der Selbst-

Wie du zum echten Habit Breaker wirst!

Mein Erfolgstagebuch
#11

Morgens ☼

☐ Ich kenne mein »Warum«. (Tag 2)

☐ Ich bin überzeugt, dass ich mein Ziel erreichen kann. (Tag 4)

☐ WOOP – ich weiß, wie ich mit meinen Hindernissen erfolgreich umgehe. (Tag 8)

positive Selbstbekräftigung: _____
_____

> Diese Abfrage dient dazu, dass du dir täglich die wichtigsten Argumente für eine erfolgreiche Zielerreichung bewusst machst:
> 1. dein Grund, warum dir dein Ziel so wichtig ist
> 2. die Überzeugung, dein Ziel erreichen zu können
> 3. deine mentalen Strategien im Umgang mit den Hindernissen
> Die passenden Übungen findest du an den Tagen 2, 4 und 8.

> Hier trägst du jeden Tag deine persönliche Affirmation ein, die dich motiviert. Das könnte beispielsweise sein: »Ich erreiche meine Ziel, egal wie.« Oder: »Mit jedem Schritt komme ich meinem Ziel näher.«

Abends ☾

Das werde ich **heute** tun, um meinem Ziel näher zu kommen (max. 3):

Habe ich mein Vorhaben umgesetzt?

1. _____ ☐ Ja ☐ Nein ☐ Jein

2. _____ ☐ Ja ☐ Nein ☐ Jein

3. _____ ☐ Ja ☐ Nein ☐ Jein

> **Morgens** trägst du ein, welche Aktivitäten du unternehmen wirst (max. 3), um deinem Ziel näher zu kommen. Was und wie groß die Schritte dabei sind, ist egal. **Abends** hakst du ab, inwiefern du deine Pläne umgesetzt hast.

Was habe ich heute gelernt? Durch welche Situationen/Anstrengungen bin ich gewachsen?
_____
_____

> Am Ende des Tages reflektierst du, durch welche Situationen oder Anstrengungen du deine Fähigkeiten für die erfolgreiche Zielerreichung verbessern konntest. Bedenke, dass auch Misserfolge dir großen Nutzen bieten, wenn du bewusst daraus lernst.

»Mit Mut fangen die schönsten Geschichten an.«
Neale Donald Walsch

> Hier findest du jeden Tag ein inspirierendes Zitat.

△ Ausfüllhilfe für dein Erfolgstagebuch

beobachtung und wird sehr erfolgreich in Therapien und Coachings zur Verhaltensänderung eingesetzt.[6] Das Erfolgstagebuch wurde speziell für die erfolgreiche Umsetzung von Plänen und Gewohnheitsänderung entwickelt. Es unterstützt dich jeden Tag bei deiner Fokussierung und Selbstmotivation.

3. Dein Wochencheck

Nach den 21 Tagen beginnt die »Habit-Breaker«-Phase. Ab jetzt wirst du zusätzlich zu deinem Erfolgstagebuch durch den Wochencheck unterstützt. Der Wochencheck umfasst – analog zu den täglichen Übungen in den 21 Tagen zuvor – 21 kurze Abfragen zu den entsprechenden Qualitäten und Fortschritten als »Habit Breaker«. Auf diese Weise kannst du wöchentlich reflektieren, wie gut du dich in den jeweiligen Bereichen entwickelt hast und an welcher Stelle es noch Optimierungsbedarf gibt. Mit der wöchentlichen Dankbarkeitspraxis gewinnst du zudem mehr Bewusstsein über all die wunderbaren Dinge, die dich und dein Leben schon jetzt bereichern.

Warum es funktioniert

- ✓ beste Auswahl wissenschaftlich gesicherter Methoden zur dauerhaften Gewohnheits- und Verhaltensänderung
- ✓ von erfahrenen Motivationspsychologen und Experten der Verhaltensänderung entwickelt
- ✓ erfolgreich getestet bei der Raucherentwöhnung, Ernährungsumstellung und Gewichtsreduktion: Ø 80 % weniger Abbrüche in den 66 Tagen und feste Zielbindung danach
- ✓ 66 Tage professionelle Begleitung in vier aufeinander aufbauenden Phasen, in denen du relevante Coaching-Übungen und Impulse für eine erfolgreiche Zielerreichung erhältst
- ✓ zu 100 % alltagstauglich, da du nur 5 min pro Tag für die Übungen benötigst
- ✓ dein Erfolgstagebuch steigert deine tägliche Fokussierung und Selbstmotivation
- ✓ Fortschritts-Visualisierung durch 3-Monats-Kalender und Wochencheck.

Phase 1:
Überzeugungen & Mindchange

Tag 1
Was ist dein Ziel?

1. Formuliere so konkret und präzise wie möglich, wie dein Ziel lautet. (Was? Wann? Wo? Mit wem?) *Beispiel: »Ich möchte mehr Sport treiben.«* **besser:** *»Ich möchte 3x pro Woche nach der Arbeit mit meinem Kumpel joggen gehen.«*

_____

_____

_____

2. Prüfe nun, ob dein Ziel auch **realistisch** und mit deinen Ressourcen **machbar** ist. Sei ehrlich und hole dir bei Bedarf Expertenrat hinzu. Häufige Überschätzungen bei Gewichtsreduktionen oder Leistungszielen (z. B. Marathon) führen zu Abbrüchen beim Nichterreichen. Wenn du jetzt meinst, dein Ziel sei nicht ganz realistisch, dann passe deine Zieldefinition oben an.

3. Bis wann möchtest du dein Ziel erreicht haben? Denke dabei gerne auch an besondere Ereignisse in den kommenden Wochen oder Monaten. Diese eignen sich optimal wie auch Jahreszeitenwechsel, Jahreswechsel, Geburtstage, Hochzeiten …

_____

_____

4. Finde nun Kriterien & Kennwerte, an denen du deinen Erfolg & Fortschritt messen möchtest. *Beispiel: »Ich möchte meinen Bauchumfang um 5 cm reduzieren«* ODER *»Ich möchte wieder in meine Lieblingsjeans passen«*

_____

_____

_____

mod. nach dem S.M.A.R.T.-Schema der Zielformulierung [7]

Tag 2
Was ist dein »WARUM«?

Extrinsische Anreize motivieren nur kurzfristig. Intrinsische Motivation wirkt dagegen stabil und anhaltend. Das Erleben von Sinn ist die stärkste Motivation für uns Menschen.[8] Wir sind nur dann zu einem bestimmten Verhalten motiviert, wenn wir einen für uns wichtigen Sinn darin sehen. Überlege dir daher genau, **warum** du dein Ziel erreichen möchtest. Ist es vielleicht dein Wunsch nach Glück, Erfüllung, Entspannung, Zufriedenheit, Gesundheit, Leistungsfähigkeit oder Anerkennung? Hinterfrage auch, ob es wirklich dein persönlicher Wunsch oder eher der eines anderen ist. Trage deine Motive in die Liste und bewerte nach Wichtigkeit von 0 = »null wichtig« bis 4 = »sehr wichtig«. Schreibe dein wichtigstes Motiv anschließend auf das untere Kärtchen, reiß es ab und fixiere es JETZT dort, wo du es jeden Tag lesen kannst wie z. B. am Bett, am Kühlschrank, im Kalender.

Darum will ich mein Ziel auf jeden Fall erreichen...	So wichtig ist es mir: 0 = null ------- 4 = sehr				

Hier abtrennen und täglich sichtbar aufstellen:

Ich will mein Traumziel erreichen, weil ich (mich) dann ...

Tag 3
Kosten-Nutzen-Check

Wenn du erfolgreich etwas verändern möchtest, solltest du dir immer des positiven Nutzens, aber auch deines dafür benötigten Einsatzes bewusst sein. So verschaffst du dir schon frühzeitig einen Überblick und ersparst dir später unerwartete Überraschungen, die zum Abbruch führen können. Sollte dein erwarteter Einsatz höher als dein Nutzen sein, prüfe noch einmal genau, ob es tatsächlich dein Traumziel ist.

Meine Benefits (gesünder, schöner, schlauer …):	Mein Einsatz (Kosten, Zeit, Vorbereitung, Verzicht …):

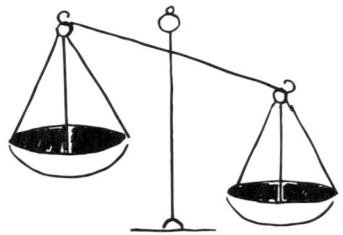

Wie ist dein Kosten-Nutzen-Verhältnis? Überwiegt der von dir erwartete Nutzen? Perfekt, dann bist du jetzt bereit für eine richtige Veränderung!

Let's go!

Tag 4
Selbstwirksamkeits-Check

Wie überzeugt bist du, dass du dein Traumziel mithilfe deiner eigenen Fähigkeiten erreichen kannst und wirst? Erinnere dich dabei, wie du in der Vergangenheit bereits ähnliche Herausforderungen erfolgreich gemeistert hast. Kreuze nun an!

Ich weiß zu 100 %, dass ich mein Ziel erreichen kann!

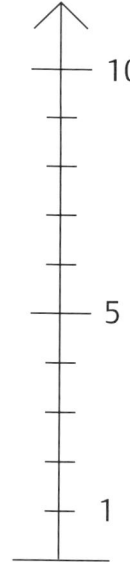

Ich traue es mir 0 % zu.

Auswertung: Wenn dein Wert ≥ 7 ist, hast du schon jetzt eine TOP-Voraussetzung, dein Ziel zu erreichen! Wenn dein Wert < 7 ist, ist es besonders wichtig, an deiner Selbstwirksamkeitserwartung zu arbeiten. Das erreichst du, indem du schnell erste Erfolge erzielst und dich durch dein soziales Umfeld motiviert fühlst. Wie, das erfährst du in den nächsten Tagen – in der 2. wichtigen Phase deiner »Breaking-Bad-Habits«-Challenge!

Phase 2:
Planung & Strukturen

Tag 5
Passe deine Umwelt deinen Zielen an
Strukturen & Routinen geben den nötigen Rahmen

Mental starke Menschen haben die gleichen Schwächen wie alle anderen. Der einzige Unterschied jedoch ist, dass sie sich ihren Schwächen nicht ausgeliefert fühlen, sondern ihnen aktiv entgegenwirken. Sie gestalten »ihre« Umwelt, die es ihnen erleichtert, ihre Ziele konsequent und fokussiert zu realisieren wie z. B. durch tägliche Routinen, Rituale, Strukturen wie feste Zeiten, das konsequente Eliminieren der Versuchungen und soziale Unterstützung. Plane heute, mit welchen Veränderungen du deine Umwelt an dein Ziel anpassen möchtest.

Mit diesen Schritten erschaffe ich mir die Umwelt, in der ich meine Pläne erfolgreich umsetzen werde (z. B. Süßes verbannen, E-Mails nur 1x am Tag bearbeiten oder Sporttasche direkt zur Arbeit nehmen):	Erledigt bis:
1	
2	
3	
4	
5	

Tag 6
Neue Ziele benötigen neue Routinen
Finde einen Ersatz für lästige Routinen

Dein Erfolg ist abhängig von deinen täglichen Routinen – angefangen mit deiner Morgenroutine und aufgehört mit deiner Abendroutine. Wenn du immer das tust, was du schon immer getan hast, wirst du keine Veränderung in deinem Leben herbeiführen. Wenn du wirklich etwas verändern willst, solltest du deine täglichen Routinen prüfen und anpassen.

Überlege heute, welche Routine du gerne ändern möchtest, weil sie dich an deiner Zielerreichung hindert. Reflektiere, warum es deine Routine (geworden) ist, also welches positive Gefühl du dir damit verschaffst. Finde nun eine neue attraktive Routine, mit der du diese alte Routine ab heute ersetzen wirst. Sie sollte für dich mindestens genauso attraktiv sein und dir die gleiche Befriedigung verschaffen – dich aber bei deiner Zielerreichung unterstützen.

Lästige Routine, die ich ablegen möchte (max. 3):	So fühle ich mich danach (z. B. belohnt, entspannt, abgelenkt ...):	Durch diese attraktive Routine ersetze ich die alte:

Tag 7
Nutze die Kraft sozialer Unterstützung

Nutze die positive Energie und Unterstützung von Menschen, die dich lieben oder ähnliches meistern bzw. gemeistert haben. Denn gemeinsam bist du immer stärker als allein. Kommuniziere ihnen heute deinen Wunsch und bitte sie um konkrete Unterstützung.

Diese Menschen schenken mir Energie und Vertrauen (z. B. Partner, Eltern, Coach):	So können sie mich unterstützen (z. B. Rat, Motivation, Austausch, Begleitung):	Unterstützt mich (abhaken):

Tipp: Umgib dich möglichst häufig mit Menschen, die dich inspirieren – ihre Power ist ansteckend. Versuche es selbst!

Tag 8
WOOP – die mentale Strategie für echte »Habit Breaker«

WOOP ist eine von renommierten Motivationspsychologen entwickelte mentale Strategie zur erfolgreichen Verhaltensänderung.[9] Diese Methode verbindet positive Zukunftsvisionen mit der Visualisierung von Hindernissen, die dir im Weg stehen (mentales Kontrastieren) und entsprechende »*Wenn-dann*-Pläne« zur Überwindung dieser Hindernisse. Ihre hohe Wirksamkeit wurde in diversen wissenschaftlichen Studien zu Ernährungsumstellung, Gewichtsreduktion, Aktivitätsförderung und Raucherentwöhnung bestätigt.[10]

1. Wish – Formuliere in einem Satz, wie dein größter Wunsch lautet (siehe Tag 1).

_____

_____

2. Outcome – Welches schönste Ergebnis versprichst du dir beim Erreichen deines Ziels? Schließe dazu kurz deine Augen und beobachte, welche Gedanken, Emotionen und Bilder vor deinem inneren Auge auftauchen. Notiere sie anschließend.

_____

_____

3. Obstacle – Welches sind deine 3 größten inneren Hindernisse, die dich von der Erfüllung deines Wunsches abhalten werden? Schau, in welchen Momenten dein innerer Schweinehund am größten ist, wie z. B. Arbeits- oder Beziehungsstress, Faulheit, andere Prioritäten wie TV oder im Internet surfen.

1. _____

2. _____

3. _____

4. Plan – Finde nun für jedes deiner 3 größten Hindernisse zwei realistische Gegenstrategien, wie du mit diesen Momenten umgehen möchtest, um deine Pläne für dein Traumziel weiter zu realisieren – entweder vorbeugend oder direkt beim Eintreten. Formuliere in sogenannten »*Wenn-dann*-Plänen«, also: »Wenn Ereignis XY eintritt (z. B. keine Lust, Zeitmangel, Besuch von Omi oder schlechtes Wetter …), dann handle ich SO (z. B. visualisiere ich mein »Warum« und das tolle Gefühl dabei, sage ich bewusst »Nein« zu bestimmten Dingen, mache ich es zusammen mit der Omi, aber lasse es nie häufiger als 1x ausfallen, kaufe ich mir entsprechende Ausrüstung)«. Sei kreativ, aber immer realistisch. Denn diese Pläne funktionieren nur, wenn sie zu dir passen. Sollte ein Plan einmal nicht funktionieren, verwirf und ersetze diesen Plan, aber niemals dein Ziel.

Hindernis 1:

Wenn _____,

dann _____
_____

Wenn _____,

dann _____
_____

Hindernis 2:

Wenn _____,

dann _____
_____

Wenn _____,

dann _____
_____

Hindernis 3:

Wenn _____ ,

dann _____

_____

Wenn _____ ,

dann _____

_____

Diese Strategien wirst du ab heute **jeden** Tag lernen und üben, denn je häufiger du sie – mental und in der Realität – anwendest, desto fester werden sie in deinem Gehirn verankert und in den gewissen Momenten automatisch abgerufen. Das sind deine neuen Erfolgsgewohnheiten, mit denen du dein Ziel erreichen wirst.

Tag 9
Verankere dein Traumziel in deinem Alltag

1. Was ist *dein* persönlicher Anker?
Warum bis zur Wunscherfüllung warten, um dich gut zu fühlen? Das Gefühl kannst du schon jetzt in dir auslösen. Finde dazu etwas, das du täglich möglichst häufig siehst, bei dir trägst oder hörst. Was könnte das sein? Vielleicht ein schönes Zielerreichungsarmband, ein Bild deines Wunsch-Ichs oder deines Vorbilds, ein Motivationsspruch auf deinem Mousepad, am Kühlschrank oder als Bildschirmhintergrund, dein Lieblingssong?

_____

_____

_____

2. Verbinde deinen Anker mit den schönsten Emotionen bei Wunscherfüllung
Nimm deinen Anker in die Hand, schau ihn dir an oder höre ihn **und** denke währenddessen an all die positiven Gefühle, die du bei dem Gedanken an deine Wunscherfüllung verspürst (Step 2 der gestrigen Übung ⸺▸ WOOP). Das wiederholst du ab heute jeden Tag möglichst häufig, bis diese Emotionen ganz automatisch in dir ausgelöst werden, sobald du deinen Anker siehst, spürst oder hörst.

_____

_____

_____

Tag 10
Deine Fortschritte dokumentieren und belohnen

1. Wie kannst du deine Fortschritte dokumentieren?
Wer jeden Tag wächst, vergisst schnell, wie viel er bereits gewachsen ist. Umso wichtiger ist es, deine (Lern-)Fortschritte sichtbar zu machen. Dies schaffst du durch wöchentliche oder tägliche Dokumentation vorab festgelegter Kennwerte (z. B. Anzahl an Zigaretten, Weingläser, Süßigkeiten oder Schritte, Bauchumfang, Gelassenheits-Wert 1–10). Die einfachste Form ist, jeden Tag ein Kreuz für die erfolgreiche Planumsetzung zu setzen (z. B. jeden Tag 10 000 Schritte gelaufen, 30 min bewegt oder keine Snacks gegessen). Dafür benötigst du nur einen Kalender oder unseren 3-Monats-Plan (siehe Tabelle »Erfolgsdokumentation«). Überlege nun, mit welchen Kennwerten du deine Fortschritte visualisieren möchtest:

_____

_____

2. Setze Meilensteine und lege jetzt fest, wie du dich und deinen Erfolg feierst
Wer regelmäßig Erfolge erzielt, fühlt sich in seinem Verhalten bestätigt und ist motiviert, seine neuen Gewohnheiten weiterzuleben. Schnelle Erfolge erzielst du, indem du dir regelmäßig kleine Meilensteine setzt und dich beim Erreichen für deine Disziplin und Ausdauer mit etwas Besonderem belohnst (z. B. einer Massage, einem Wellness-Tag, Restaurantbesuch oder neuen Laufschuhen). Plane jetzt kleine Meilensteine mit entsprechenden Belohnungen und trage die Zeitpunkte in deinen Kalender bzw. die 3-monatige Erfolgsdokumentation (siehe Tabelle »Erfolgsdokumentation«) ein.

Hier abtrennen und sichtbar aufstellen:

Tag / Monat	1	2	3	4	5	6	7	8	9	10	11	12	13	14	15	16	17	18	19	20	21	22	23	24	25	26	27	28	29	30	31

Erfolgsdokumentation

Setze einen Haken für jeden Tag, den du erfolgreich gemeistert hast und bewerte darunter, wie du dich dabei gefühlt hast.
(☺ = sehr gut, ☺ = na ja, = ☹ schlecht)

Phase 3:
Aktion & Manifestation

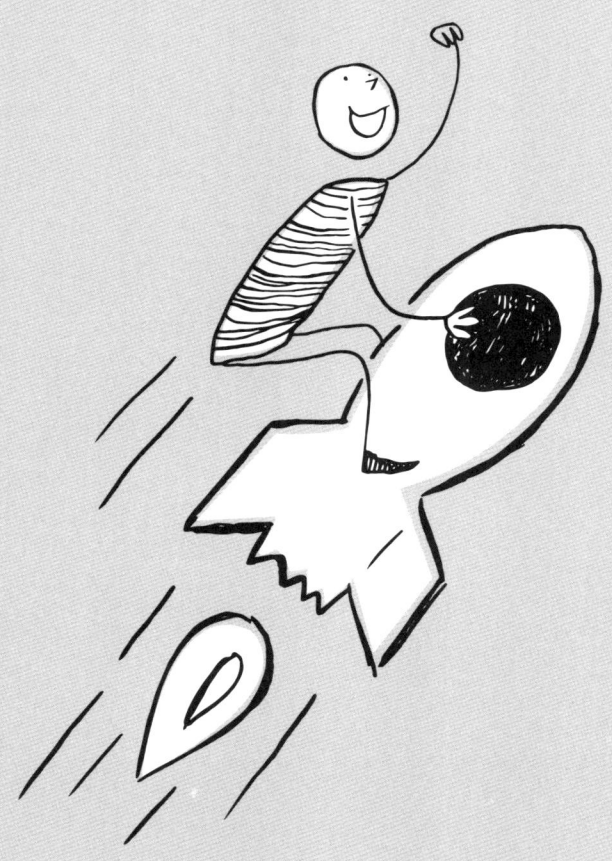

Tag 11
Erster Action-Tag – just do it!

Nun heißt es, aktiv zu werden. Dazu reichen bereits 30 min pro Tag (2 % deines Tages), die du deinem Ziel widmest. Egal welche Aktivitäten – mental oder physisch – Hauptsache, du kommst deinem Ziel jeden Tag ein Stück näher. Dein Erfolgstagebuch wird dich ab heute bei deinem persönlichen Veränderungsprozess unterstützen mithilfe täglicher Reflexionen und Fokussierung auf das Wesentliche: der Verbesserung deiner Fähigkeiten für die erfolgreiche Zielerreichung. Für mehr Infos nutze unsere Ausfüllhilfe auf Seite 11.

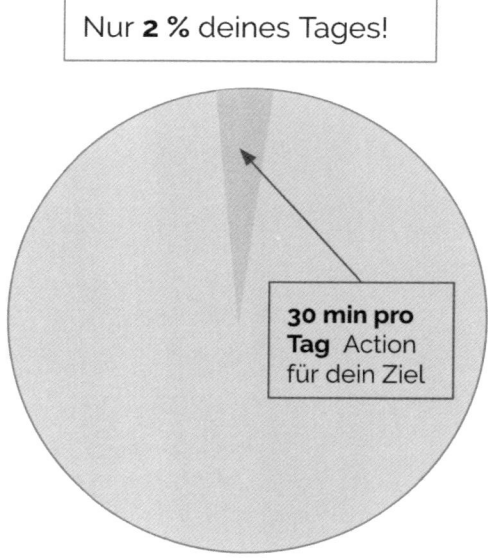

Mein Erfolgstagebuch #11

Morgens ☀

☐ Ich kenne mein »Warum«. (Tag 2)

☐ Ich bin überzeugt, dass ich mein Ziel erreichen kann. (Tag 4)

☐ WOOP – ich weiß, wie ich mit meinen Hindernissen erfolgreich umgehe. (Tag 8)

Positive Selbstbekräftigung: _____

_____

Abends 🌙

Das werde ich **heute** tun, um meinem Ziel näher zu kommen (max. 3):

Habe ich mein Vorhaben umgesetzt?

1. _____   ☐ Ja ☐ Nein ☐ Jein

2. _____   ☐ Ja ☐ Nein ☐ Jein

3. _____   ☐ Ja ☐ Nein ☐ Jein

Was habe ich heute gelernt? Durch welche Situationen/Anstrengungen bin ich gewachsen?

_____

_____

> »Mit Mut fangen die schönsten Geschichten an.«
> Neale Donald Walsch

Tag 12
Dankbarkeit macht glücklich und erfolgreich

Glücklichsein macht Menschen erfolgreich – nicht andersherum. Statt immer nur zu schauen, wer du gerne wärst, verliere nie aus dem Blick, wer du schon bist und was dein Leben bereits jetzt bereichert. Eine tägliche Dankbarkeitspraxis schärft deinen Blick auf das Wesentliche im Hier und Jetzt und macht nachweislich glücklich,[11] was wiederum deine Motivation für die erfolgreiche Zielerreichung steigert.

Frage dich heute, was dich und dein Leben bereichert, für das du sehr dankbar bist. Vielleicht sind es bestimmte Fähigkeiten, Erfahrungen oder Menschen. Was auch immer es ist, trage es in deine Liste und mache dir bewusst, warum du dafür dankbar bist.

Ich bin dankbar für ...	weil ...

Aktion & Manifestation 33

Mein Erfolgstagebuch
#12

Morgens

☐ Ich kenne mein »Warum«. (Tag 2)

☐ Ich bin überzeugt, dass ich mein Ziel erreichen kann. (Tag 4)

☐ WOOP – ich weiß, wie ich mit meinen Hindernissen erfolgreich umgehe. (Tag 8)

Positive Selbstbekräftigung: _____

_____

Abends

Das werde ich **heute** tun, um meinem Ziel näher zu kommen (max. 3):

Habe ich mein Vorhaben umgesetzt?

1. _____ ☐ Ja ☐ Nein ☐ Jein

2. _____ ☐ Ja ☐ Nein ☐ Jein

3. _____ ☐ Ja ☐ Nein ☐ Jein

Was habe ich heute gelernt? Durch welche Situationen/Anstrengungen bin ich gewachsen?

_____

_____

> »Nicht die Glücklichen sind dankbar. Es sind die Dankbaren, die glücklich sind.« – Francis Bacon

Tag 13
Lerne von deinen Vorbildern

Das Lernen am Modell ist eine der bekanntesten sozialkognitiven Lerntheorien[12], nach der wir durch die stellvertretende Erfahrung anderer Menschen lernen: entweder über die Beobachtung oder den persönlichen Austausch, wie sie ähnliche Herausforderungen erfolgreich gemeistert haben. Dabei gilt: Je ähnlicher dir dein Modell ist, desto mehr Einfluss hat er/sie auf dich. Überlege dir heute, wer dein Vorbild sein könnte. Vielleicht ist es ein Verwandter, ein Freund oder ein Idol aus den Medien. Wer inspiriert dich? Und vor allem wodurch? Analysiere genau, mit welchen Einstellungen und Stärken dein Vorbild ähnliche Herausforderungen erfolgreich gemeistert hat. Frage dich in kritischen Momenten immer: »Wie würde mein Vorbild XY jetzt handeln?« Probiere es nun selbst aus.

Mein(e) Vorbild(er):	Einstellungen und Stärken meines Vorbilds für eine erfolgreiche Zielerreichung:

Aktion & Manifestation 35

Mein Erfolgstagebuch
#13

Morgens ☀

☐ Ich kenne mein »Warum«. (Tag 2)

☐ Ich bin überzeugt, dass ich mein Ziel erreichen kann. (Tag 4)

☐ WOOP – ich weiß, wie ich mit meinen Hindernissen erfolgreich umgehe. (Tag 8)

Positive Selbstbekräftigung: _____

_____

Abends ☾

Das werde ich **heute** tun, um meinem Ziel näher zu kommen (max. 3):

Habe ich mein Vorhaben umgesetzt?

1. _____ ☐ Ja ☐ Nein ☐ Jein

2. _____ ☐ Ja ☐ Nein ☐ Jein

3. _____ ☐ Ja ☐ Nein ☐ Jein

Was habe ich heute gelernt? Durch welche Situationen/Anstrengungen bin ich gewachsen?

_____

_____

> »Das gute Beispiel ist nicht eine Möglichkeit, andere Menschen zu beeinflussen, es ist die einzige.« – Albert Schweitzer

Tag 14
Übernimm Verantwortung für dich und für andere

100 % Selbstverantwortung ist der einzige Weg, dich selbst zu verwirklichen. Übernimm die volle Verantwortung für all deine Entscheidungen, Worte und Taten. Wer sonst, wenn nicht du? Verantwortung für andere zu übernehmen kann diesen Effekt beschleunigen, denn deine Rolle als Vorbild und die regelmäßige Auseinandersetzung mit den unterschiedlichen Hindernissen anderer Menschen wirkt sich äußerst positiv auf deine mentale Stärke aus. Du wächst mit deinen Aufgaben. Dies zeigt sich in diversen Lebensbereichen – wie etwa bei werdenden Eltern, Mannschaftskapitänen, Führungskräften, Trainern oder Projektleitern.

Überlege dir heute, in welchen Lebensbereichen du (mehr) Verantwortung für andere übernehmen könntest – im Job oder privat. Was könnte das sein?

Ich übernehme Verantwortung für (z. B. Kollegen, Kinder, Gleichgesinnte) ...	durch folgende Maßnahme ... (z. B. Organisation einer Aktion, Leitung »Feel-Good«-Gruppe in der Firma, Storytelling via Social Media):

Aktion & Manifestation — 37

Mein Erfolgstagebuch
#14

Morgens ☀

☐ Ich kenne mein »Warum«. (Tag 2)

☐ Ich bin überzeugt, dass ich mein Ziel erreichen kann. (Tag 4)

☐ WOOP – ich weiß, wie ich mit meinen Hindernissen erfolgreich umgehe. (Tag 8)

Positive Selbstbekräftigung: _____

_____

Abends ☾

Das werde ich **heute** tun, um meinem Ziel näher zu kommen (max. 3):

Habe ich mein Vorhaben umgesetzt?

1. _____ ☐ Ja ☐ Nein ☐ Jein

2. _____ ☐ Ja ☐ Nein ☐ Jein

3. _____ ☐ Ja ☐ Nein ☐ Jein

Was habe ich heute gelernt? Durch welche Situationen/Anstrengungen bin ich gewachsen?

_____

_____

> »Freiheit bedeutet Verantwortung. Das ist der Grund, warum die meisten Menschen sich vor ihr fürchten.« – George Bernard Shaw

Tag 15
Stress hemmt deine mentale Stärke
Nimm dir täglich Zeit für Entspannung!

Wenn du unter Stress stehst, ist deine Fähigkeit zur Selbstregulation ausgeschaltet. Willenskraft ist wie ein Muskel, der unter hohen Belastungen schlichtweg überfordert ist, sodass bewusste Entscheidungen zugunsten deines Ziels nicht mehr möglich sind. Je häufiger du unter Stress stehst, desto häufiger wirst du schwach werden und in alte Muster verfallen. Menschen mit einer guten Entspannungsfähigkeit zeigen daher eine höhere Willenskraft bei der Umsetzung ihrer Pläne. Entspannung ist demnach der Balsam deiner Willenskraft. Prüfe heute, wie es um deine Entspannung steht.

Ich fühle mich entspannt & ausgeglichen :)

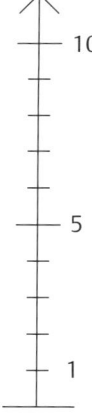

Ich fühle mich gestresst & unausgeglichen :(

Wie entspannt oder gestresst fühlst du dich insgesamt – rückblickend auf die letzten 4 Wochen?

Auswertung: Wenn Dein Wert ≥7 ist, hast du eine hohe Chance, dein Ziel mithilfe einer guten Willenskraft zu erreichen. Darunter solltest du noch an deiner Entspannung arbeiten. Mehr Entspannung erreichst du durch effektive mentale und körperliche Entspannungstechniken wie z. B. Progressive Muskelrelaxation (PMR), Autogenes Training (AT) oder Meditation. Mehr dazu erfährst du in den nächsten Tagen!

Mein Erfolgstagebuch
#15

Morgens ☼

☐ Ich kenne mein »Warum«. (Tag 2)

☐ Ich bin überzeugt, dass ich mein Ziel erreichen kann. (Tag 4)

☐ WOOP – ich weiß, wie ich mit meinen Hindernissen erfolgreich umgehe. (Tag 8)

Positive Selbstbekräftigung: _____

_____

Abends ☾

Das werde ich **heute** tun, um meinem Ziel näher zu kommen (max. 3):

Habe ich mein Vorhaben umgesetzt?

1. _____ ☐ Ja ☐ Nein ☐ Jein

2. _____ ☐ Ja ☐ Nein ☐ Jein

3. _____ ☐ Ja ☐ Nein ☐ Jein

Was habe ich heute gelernt? Durch welche Situationen/Anstrengungen bin ich gewachsen?

_____

_____

> »You can't change the waves, but you can learn to surf.«
> Jon Kabat-Zinn

Tag 16
Achtsamkeit für dich im Hier und Jetzt

Das Hier und Jetzt ist der einzige Moment, in dem du den Samen für deine Zukunft säst: Du bist, was du denkst, und erntest, was du säst. Die Achtsamkeitspraxis mithilfe von Meditationen und Achtsamkeitsübungen unterstützt dich dabei, hinderliche Gedanken loszulassen, mental entspannter mit Stress umzugehen und deine Ziele fokussierter zu verfolgen. Wie achtsam lebst du in diesem Moment? Gehe kurz in dich und schau, wie sehr du dir über dich, deine Gedanken, Emotionen und Entscheidungen bewusst bist. Gehst du achtsam mit deiner Zeit um und setzt Prioritäten? Oder verschwendest du viel Zeit mit Dingen und Personen, die dich nicht weiterbringen oder wachsen lassen wie etwa negative Gedanken und Emotionen, lästige Routinen, Zeit- und Energiediebe.

Ich lebe achtsam im Moment und setze knallhart Prioritäten, die mich wachsen lassen :)

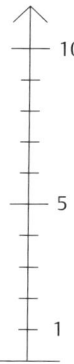

Ich lebe unachtsam und verschwende viel Zeit für unnötige Dinge, die mich hindern :(

Auswertung: Wenn dein Wert ≥7 ist, steht deiner Zielerreichung nichts im Wege – du achtest dich und deine Zeit sehr und setzt Prioritäten, die dich stetig wachsen lassen. Ist dein Wert <7, helfen dir tägliche Achtsamkeitsübungen & Meditationen, deinen Geist zu schulen und bewusster mit dir und deiner Zeit umzugehen.

Achtsamkeitsübung für echte »Habit Breaker«:
Wie achtsam lebst du mit dir und deiner (Lebens-)Zeit?
Beobachte dich ab heute für eine Woche lang, wie achtsam du mit deiner Zeit – deinen täglichen 24 Stunden – umgehst! Beobachte genau, wie viel Zeit du tatsächlich für Dinge nutzt, die dir dabei helfen, dich und dein Traumziel zu verwirklichen. Und sag bewusst JA zu allen Dingen, die dich wachsen lassen, und bewusst NEIN zu allen Gedanken, Emotionen, Entscheidungen, Handlungen und Personen, die dich daran hindern.

Aktion & Manifestation — 41

Mein Erfolgstagebuch
#16

Morgens ☀

☐ Ich kenne mein »Warum«. (Tag 2)

☐ Ich bin überzeugt, dass ich mein Ziel erreichen kann. (Tag 4)

☐ WOOP – ich weiß, wie ich mit meinen Hindernissen erfolgreich umgehe. (Tag 8)

Positive Selbstbekräftigung: _____

_____

Abends ☾

Das werde ich **heute** tun, um meinem Ziel näher zu kommen (max. 3):

Habe ich mein Vorhaben umgesetzt?

1. _____ ☐ Ja ☐ Nein ☐ Jein

2. _____ ☐ Ja ☐ Nein ☐ Jein

3. _____ ☐ Ja ☐ Nein ☐ Jein

Was habe ich heute gelernt? Durch welche Situationen/Anstrengungen bin ich gewachsen?

_____

_____

> »Es ist nicht zu wenig Zeit, die wir haben, sondern es ist zu viel Zeit, die wir nicht nutzen.« – L. A. Seneca

Tag 17
Regeneriere wie ein Profi
Optimal schlafen. Nährstoffreich essen. Täglich bewegen.

Die Regeneration deiner Zellen hat großen Einfluss auf deine Selbstdisziplin – nur mit voller Energie bist du zu 100 % willensstark. Wenn du schon einmal schlecht geschlafen hast, weißt du sicher, wie viel stressanfälliger du bist und weniger gute Entscheidungen du triffst. Neben den richtigen Nährstoffen, regelmäßiger Stoffwechselaktivierung durch Bewegung und ausreichend Pausen wirkt vor allem dein Schlaf wie ein Reset deiner Selbstdisziplin.

Wie gut ist meine Regeneration?	0 = Flop ——— 4 = TOP 0 1 2 3 4
Schlaf (ich fühle mich morgens fit und benötige keinen Kaffee, um wach zu werden)	
Körperliche Bewegung (mind. 30 min pro Tag so aktiv, dass ich außer Atem komme und mein Puls steigt)	
Nährstoffreiche Ernährung (ausgewogen, überwiegend naturbelassen & unverarbeitet, viel Gemüse)	
Pausen bei der Arbeit (regelmäßig & mit erholsamen Aktivitäten, die mir neue Energie schenken)	

Auswertung: Wenn dein Wert ≥3 ist, hast du optimale Erholung & Zellenergie für eine erfolgreiche Selbstregulation & Durchhaltekraft. Sind deine Werte ‹3, prüfe, wie du die jeweilige Qualität weiter optimieren kannst.

Aktion & Manifestation 43

Mein Erfolgstagebuch
#17

Morgens ☀

☐ Ich kenne mein »Warum«. (Tag 2)

☐ Ich bin überzeugt, dass ich mein Ziel erreichen kann. (Tag 4)

☐ WOOP – ich weiß, wie ich mit meinen Hindernissen erfolgreich umgehe. (Tag 8)

Positive Selbstbekräftigung: _____

_____

Abends ☾

Das werde ich **heute** tun, um meinem Ziel näher zu kommen (max. 3):

Habe ich mein Vorhaben umgesetzt?

1. _____   ☐ Ja ☐ Nein ☐ Jein

2. _____   ☐ Ja ☐ Nein ☐ Jein

3. _____   ☐ Ja ☐ Nein ☐ Jein

Was habe ich heute gelernt? Durch welche Situationen/Anstrengungen bin ich gewachsen?

_____

_____

»Wer nicht jeden Tag etwas für seine Gesundheit aufbringt, muss eines Tages viel Zeit für die Krankheit opfern.« – Sebastian Kneipp

Tag 18
Positive Glaubenssätze
Du bist, was du denkst.

Glaubenssätze sind tief verankerte, automatisch ausgelöste Sätze, die du häufig unbewusst zu dir selbst sagst – entweder motivierend oder hemmend. Kennst du deine Glaubenssätze? Wenn nicht, dann beobachte heute, welche negativen Sätze du dir sagst, die ein Nachgeben wahrscheinlicher machen. Schreibe diese Sätze auf und überlege dir zu jedem negativen Glaubenssatz, durch welchen positiven du diesen ab heute ersetzen wirst!

Meine negativen Glaubenssätze (z. B. Ich schaffe das nie, Ich kann das nicht …):	Situationen, in denen meine Glaubenssätze auftreten:	Durch diesen positiven Glaubenssatz ersetze ich den negativen: (z. B. Ich schaff das, Ich bin gut in …):

Schau, ob es einen **Kernglaubenssatz** gibt, der besonders mächtig und mit starken negativen Emotionen verbunden ist. Markiere diesen und beobachte ab heute genau, in welchen Situationen du ihn zu dir sagst. Stoppe dich bewusst und ersetze ihn sofort durch deinen neuen positiven Glaubenssatz.

Aktion & Manifestation 45

Mein Erfolgstagebuch
#18

Morgens ☀

☐ Ich kenne mein »Warum«. (Tag 2)

☐ Ich bin überzeugt, dass ich mein Ziel erreichen kann. (Tag 4)

☐ WOOP – ich weiß, wie ich mit meinen Hindernissen erfolgreich umgehe. (Tag 8)

Positive Selbstbekräftigung: _____

_____

Abends ☾

Das werde ich **heute** tun, um meinem Ziel näher zu kommen (max. 3):

Habe ich mein Vorhaben umgesetzt?

1. _____ ☐ Ja ☐ Nein ☐ Jein

2. _____ ☐ Ja ☐ Nein ☐ Jein

3. _____ ☐ Ja ☐ Nein ☐ Jein

Was habe ich heute gelernt? Durch welche Situationen/Anstrengungen bin ich gewachsen?

_____

_____

> »Ob du denkst, du kannst es oder nicht,
> du wirst in jedem Fall recht behalten.« – Henry Ford

Tag 19
Autogenes Training
Positive Glaubenssätze mental verankern

Neben Meditationen eignet sich das Autogene Training hervorragend für die feste Verankerung motivierender Glaubenssätze und Denkmuster in deinem Gehirn. Nicht umsonst wird Autogenes Training so erfolgreich bei Leistungssportlern angewandt. Mithilfe verschiedener Übungen lernst du zunächst, dich »per Knopfdruck« zu entspannen. In diesem körperlichen und mentalen Entspannungszustand wiederholst du deine zuvor festgelegte persönliche Formel so lange, bis du diese tief in deinem Unterbewusstsein verankert hast und in den entsprechenden Situationen automatisch abrufen kannst.

Du bist neugierig und möchtest mehr über Autogenes Training und die Kraft deiner Gedanken wissen?

Hier ein kleiner Vorgeschmack: der magische Faden

1. Nimm dir einen Wollfaden von ca. 50 cm Länge
2. Finde nun einen Gegenstand, den du an den Faden bindest (z. B. Ring, Stift)
3. Zeichne einen großen Kreis auf einen DIN-A4-Zettel mit den Buchstaben der vier Himmelsrichtungen (N, O, S, W) und einem Kreuz in der Mitte
4. Halte den Faden mit dem Gegenstand senkrecht, direkt über das Kreuz und gib dir klare Anweisungen (verbal oder nur innerlich), in welche Richtung der Gegenstand sich nun bewegen soll. Sei ganz fokussiert bei der Sache!

Beobachte, was passiert …

Mein Erfolgstagebuch
#19

Morgens

☐ Ich kenne mein »Warum«. (Tag 2)

☐ Ich bin überzeugt, dass ich mein Ziel erreichen kann. (Tag 4)

☐ WOOP – ich weiß, wie ich mit meinen Hindernissen erfolgreich umgehe. (Tag 8)

Positive Selbstbekräftigung: _____

_____

Abends

Das werde ich **heute** tun, um meinem Ziel näher zu kommen (max. 3):

Habe ich mein Vorhaben umgesetzt?

1. _____ ☐ Ja ☐ Nein ☐ Jein

2. _____ ☐ Ja ☐ Nein ☐ Jein

3. _____ ☐ Ja ☐ Nein ☐ Jein

Was habe ich heute gelernt? Durch welche Situationen/Anstrengungen bin ich gewachsen?

_____

_____

> »Nichts ändert sich, bis man sich selbst ändert und plötzlich ändert sich alles.« – Neale Donald Walsch

Tag 20
Umgang mit Rückfällen
Schuldgefühle sind kontraproduktiv

Rückschläge gehören zu jedem Veränderungsprozess. Sie sind sogar essenziell für dein persönliches Wachstum und deine mentale Stärke, die für eine dauerhafte Gewohnheitsänderung nötig sind. Dennoch reagieren wir oft mit harter Kritik gegen uns selbst. Was passiert, wenn du in alte ungewollte Muster zurückfällst? Denkst du dir: »Was soll's?« Oder übst du harte Selbstkritik, wie etwa, dass du es nie schaffen wirst, zu faul, zu dumm oder einfach unfähig bist? Nimmst du den Rückfall als Ausrede für weitere Unbeherrschtheit? Wenn ja, dann heißt es nun: umdenken – denn negative Selbstkritik geht nachweislich mit sinkender Motivation und Selbstregulation einher. Doch wie sollst du dich verhalten, wenn du »schwach« geworden bin?

**Die Lösung lautet:
Selbstmitgefühl & Vergebung!**

Hab Mitgefühl, sei verständnisvoll und vergib dir. Denn jeder macht Fehler und erlebt Rückschläge. Das ist menschlich und normal. Wichtig ist nur, wie du damit umgehst. Veränderung ist ein Lernprozess und kein Kampf deiner guten und schlechten Seite. Statt dich fertigzumachen, frag dich, was du daraus lernen kannst und wie du reagierst, wenn du wieder in diese Situation kommst.

Die »Nie-mehr-Schuldgefühle-Übung«
1. Notiere Gefühle und Selbstkritik, wenn du an das versagen denkst.

_____

2. Denke über die Richtigkeit deiner Aussagen und über die Sicht von Menschen nach, die du sehr schätzt und die ähnliche Schwierigkeiten durchgemacht haben.

3. Was würdest du einem Freund in dieser Situation raten? Mit welchen Worten würdest du ihn trösten und dazu ermutigen, weiterhin sein Ziel zu verfolgen? Notiere diese Worte und richte sie nun an dich!

_____

Aktion & Manifestation 49

Mein Erfolgstagebuch
#20

Morgens ☀

☐ Ich kenne mein »Warum«. (Tag 2)

☐ Ich bin überzeugt, dass ich mein Ziel erreichen kann. (Tag 4)

☐ WOOP – ich weiß, wie ich mit meinen Hindernissen erfolgreich umgehe. (Tag 8)

Positive Selbstbekräftigung: _____

_____

Abends ☾

Das werde ich **heute** tun, um meinem Ziel näher zu kommen (max. 3):

Habe ich mein Vorhaben umgesetzt?

1. _____ ☐ Ja ☐ Nein ☐ Jein

2. _____ ☐ Ja ☐ Nein ☐ Jein

3. _____ ☐ Ja ☐ Nein ☐ Jein

Was habe ich heute gelernt? Durch welche Situationen/Anstrengungen bin ich gewachsen?

_____

_____

> »Unser größter Ruhm ist nicht, niemals zu fallen, sondern jedes Mal wieder aufzustehen.« – Ralph Waldo Emerson

Tag 21
Yipppppiii – Ziel erreicht!
Du bist jetzt ein echter »Bad Habit Breaker«!

Wahnsinn, drei Wochen und du hast dein Ziel nicht aus den Augen verloren. Du kannst sehr stolz auf deine Selbstdisziplin und dein Durchhaltevermögen sein. Grund genug, dich heute einmal so richtig zu feiern! Also, worauf wartest du, teile deinen Erfolg mit Freunden, Familie und Kollegen und gönne dir heute etwas ganz Besonderes. WAS könnte das sein?

Nun kennst du die besten Strategien aus der Motivations- und Verhaltenspsychologie, mit denen du alle Gewohnheiten erfolgreich ablegen und verändern kannst.

Für deine persönliche Veränderung heißt es jetzt:

Dranbleiben!!!

Je häufiger du deine neuen Routinen mit der richtigen Einstellung in den selbst geschaffenen perfekten Umgebungsbedingungen praktizierst, desto mehr werden sie zu deinen Erfolgsgewohnheiten, die dein Leben ausmachen! Denn nicht das Ziel selbst, sondern der Weg ist das Ziel. So lebe deinen Traum jeden Tag ein bisschen mehr und lass dich durch nichts und niemanden davon abbringen.

Dafür darfst du deine Fertigkeiten als echter »Habit Breaker« nun eigenständig unter Beweis stellen. Aber keine Sorge – noch bis Tag 66 unterstützt dich dein Erfolgstagebuch mit wöchentlichem Check zum Fortschritt deiner Habit-Breaker-Qualitäten.

Mein Erfolgstagebuch
#21

Morgens ☀

☐ Ich kenne mein »Warum«. (Tag 2)

☐ Ich bin überzeugt, dass ich mein Ziel erreichen kann. (Tag 4)

☐ WOOP – ich weiß, wie ich mit meinen Hindernissen erfolgreich umgehe. (Tag 8)

Positive Selbstbekräftigung: _____

_____

Abends ☾

Das werde ich **heute** tun, um meinem Ziel näher zu kommen (max. 3):

Habe ich mein Vorhaben umgesetzt?

1. _____ ☐ Ja ☐ Nein ☐ Jein

2. _____ ☐ Ja ☐ Nein ☐ Jein

3. _____ ☐ Ja ☐ Nein ☐ Jein

Was habe ich heute gelernt? Durch welche Situationen/Anstrengungen bin ich gewachsen?

_____

_____

> »Um Erfolg zu haben, brauchst du nur eine einzige Chance.« – Jesse Owens

Habit-Breaker-Phase:
Erfolgstagebuch & Wochencheck

Mein Erfolgstagebuch
#22

Morgens ☀

☐ Ich kenne mein »Warum«. (Tag 2)

☐ Ich bin überzeugt, dass ich mein Ziel erreichen kann. (Tag 4)

☐ WOOP – ich weiß, wie ich mit meinen Hindernissen erfolgreich umgehe. (Tag 8)

Positive Selbstbekräftigung: _____

_____

Abends ☾

Das werde ich **heute** tun, um meinem Ziel näher zu kommen (max. 3):

Habe ich mein Vorhaben umgesetzt?

1. _____ ☐ Ja ☐ Nein ☐ Jein

2. _____ ☐ Ja ☐ Nein ☐ Jein

3. _____ ☐ Ja ☐ Nein ☐ Jein

Was habe ich heute gelernt? Durch welche Situationen/Anstrengungen bin ich gewachsen?

_____

_____

> »Jede deiner Entscheidungen führt zu einem Endergebnis.«
> Zig Ziglar

Mein Erfolgstagebuch
#23

Morgens ☀

☐ Ich kenne mein »Warum«. (Tag 2)

☐ Ich bin überzeugt, dass ich mein Ziel erreichen kann. (Tag 4)

☐ WOOP – ich weiß, wie ich mit meinen Hindernissen erfolgreich umgehe. (Tag 8)

Positive Selbstbekräftigung: _____

_____

Abends ☾

Das werde ich **heute** tun, um meinem Ziel näher zu kommen (max. 3):

Habe ich mein Vorhaben umgesetzt?

1. _____ ☐ Ja ☐ Nein ☐ Jein

2. _____ ☐ Ja ☐ Nein ☐ Jein

3. _____ ☐ Ja ☐ Nein ☐ Jein

Was habe ich heute gelernt? Durch welche Situationen/Anstrengungen bin ich gewachsen?

_____

_____

> »Wer etwas will, findet Wege.
> Wer etwas nicht will, findet Gründe.« – Willy Meurer

Mein Erfolgstagebuch
#24

Morgens ☀

☐ Ich kenne mein »Warum«. (Tag 2)

☐ Ich bin überzeugt, dass ich mein Ziel erreichen kann. (Tag 4)

☐ WOOP – ich weiß, wie ich mit meinen Hindernissen erfolgreich umgehe. (Tag 8)

Positive Selbstbekräftigung: _____

_____

Abends ☾

Das werde ich **heute** tun, um meinem Ziel näher zu kommen (max. 3):

Habe ich mein Vorhaben umgesetzt?

1. _____ ☐ Ja ☐ Nein ☐ Jein

2. _____ ☐ Ja ☐ Nein ☐ Jein

3. _____ ☐ Ja ☐ Nein ☐ Jein

Was habe ich heute gelernt? Durch welche Situationen/Anstrengungen bin ich gewachsen?

_____

> »Die Menschen sind es, die deinen zukünftigen Erfolg bestimmen. Umgib dich mit guten Leuten und du wirst nicht scheitern.« — W. Huizenga

Wochencheck Nr. 1

	Wo stehe ich in Sachen »Breaking Bad Habits«?	0 = Flop ---------- 6 = TOP 0 1 2 3 4 5 6
1	Ich kenne mein Ziel.	
2	Ich weiß genau, warum ich mein Ziel erreichen will.	
3	Ich sehe mehr Nutzen als Kosten für die Erreichung meines Traumziels.	
4	Ich bin überzeugt, dass ich mein Ziel erreichen kann!	
5	Ich habe schlechte Routinen durch förderliche Routinen ersetzt.	
6	Ich habe Strukturen geschaffen, die es mir erleichtern, meine Pläne umzusetzen.	
7	Ich nutze die Unterstützung meines sozialen Umfeldes.	
8	Ich übe den Umgang mit meinen Hindernissen mit Hilfe von WOOP.	
9	Mein persönlicher Anker erinnert mich regelmäßig an mein Traumziel.	
10	Ich dokumentiere meinen Fortschritt und belohne mich ab und an.	
11	Mein Erfolgstagebuch reflektiert & motiviert mich.	
12	Ich bin dankbar für alles, was ist.	
13	Ich lerne von den Erfahrungen meiner Vorbilder.	

14	Ich trage Verantwortung für mich und/oder für andere.						
15	Ich führe täglich Entspannungsübungen durch (z. B. PMR, Meditation, AT).						
16	Ich lebe sehr achtsam mit mir, meinen Gedanken & Emotionen im Moment.						
17	Ich erhole mich sehr gut durch ausreichend Schlaf, Nährstoffe & Bewegung.						
18	Ich habe meine negativen Glaubenssätze in positive Glaubenssätze umgewandelt.						
19	Meine positiven Glaubenssätze sind fest mental verankert.						
20	Ich übe Mitgefühl und Vergebung bei Rückschlägen.						
21	Ich bin ein echter »Habit Breaker« und setze meine Pläne erfolgreich um.						

Ich bin dankbar für ...

1. _____, weil _____

2. _____, weil _____

3. _____, weil _____

Mein Erfolgstagebuch
#25

Morgens ☼

☐ Ich kenne mein »Warum«. (Tag 2)

☐ Ich bin überzeugt, dass ich mein Ziel erreichen kann. (Tag 4)

☐ WOOP – ich weiß, wie ich mit meinen Hindernissen erfolgreich umgehe. (Tag 8)

Positive Selbstbekräftigung: _____

_____

Abends ☾

Das werde ich **heute** tun, um meinem Ziel näher zu kommen (max. 3):

Habe ich mein Vorhaben umgesetzt?

1. _____ ☐ Ja ☐ Nein ☐ Jein

2. _____ ☐ Ja ☐ Nein ☐ Jein

3. _____ ☐ Ja ☐ Nein ☐ Jein

Was habe ich heute gelernt? Durch welche Situationen/Anstrengungen bin ich gewachsen?

_____

_____

> »Man muss das Unmögliche versuchen, um das Mögliche zu erreichen.« – Hermann Hesse

Mein Erfolgstagebuch #26

Morgens ☀

☐ Ich kenne mein »Warum«. (Tag 2)

☐ Ich bin überzeugt, dass ich mein Ziel erreichen kann. (Tag 4)

☐ WOOP – ich weiß, wie ich mit meinen Hindernissen erfolgreich umgehe. (Tag 8)

Positive Selbstbekräftigung: _____

_____

Abends ☾

Das werde ich **heute** tun, um meinem Ziel näher zu kommen (max. 3):

Habe ich mein Vorhaben umgesetzt?

1. _____ ☐ Ja ☐ Nein ☐ Jein

2. _____ ☐ Ja ☐ Nein ☐ Jein

3. _____ ☐ Ja ☐ Nein ☐ Jein

Was habe ich heute gelernt? Durch welche Situationen/Anstrengungen bin ich gewachsen?

_____

_____

> »Veränderung beginnt am Ende deiner Komfortzone.« – Neale Donald Walsch

Mein Erfolgstagebuch
#27

Morgens ☀

☐ Ich kenne mein »Warum«. (Tag 2)

☐ Ich bin überzeugt, dass ich mein Ziel erreichen kann. (Tag 4)

☐ WOOP – ich weiß, wie ich mit meinen Hindernissen erfolgreich umgehe. (Tag 8)

Positive Selbstbekräftigung: _____

_____

Abends ☾

Das werde ich **heute** tun, um meinem Ziel näher zu kommen (max. 3):

Habe ich mein Vorhaben umgesetzt?

1. _____ ☐ Ja ☐ Nein ☐ Jein

2. _____ ☐ Ja ☐ Nein ☐ Jein

3. _____ ☐ Ja ☐ Nein ☐ Jein

Was habe ich heute gelernt? Durch welche Situationen/Anstrengungen bin ich gewachsen?

_____

_____

> »Wenn der Plan nicht funktioniert, dann ändere den Plan
> – aber niemals dein Ziel.« – unbekannt

Mein Erfolgstagebuch #28

Morgens ☀

☐ Ich kenne mein »Warum«. (Tag 2)

☐ Ich bin überzeugt, dass ich mein Ziel erreichen kann. (Tag 4)

☐ WOOP – ich weiß, wie ich mit meinen Hindernissen erfolgreich umgehe. (Tag 8)

Positive Selbstbekräftigung: _____

_____

Abends ☾

Das werde ich **heute** tun, um meinem Ziel näher zu kommen (max. 3):

Habe ich mein Vorhaben umgesetzt?

1. _____ ☐ Ja ☐ Nein ☐ Jein

2. _____ ☐ Ja ☐ Nein ☐ Jein

3. _____ ☐ Ja ☐ Nein ☐ Jein

Was habe ich heute gelernt? Durch welche Situationen/Anstrengungen bin ich gewachsen?

_____

_____

> »Alle Träume können wahr werden, wenn du den Mut aufbringst, ihnen zu folgen.« – Walt Disney

Mein Erfolgstagebuch
#29

Morgens

☐ Ich kenne mein »Warum«. (Tag 2)

☐ Ich bin überzeugt, dass ich mein Ziel erreichen kann. (Tag 4)

☐ WOOP – ich weiß, wie ich mit meinen Hindernissen erfolgreich umgehe. (Tag 8)

Positive Selbstbekräftigung: _____

_____

Abends

Das werde ich **heute** tun, um meinem Ziel näher zu kommen (max. 3):

Habe ich mein Vorhaben umgesetzt?

1. _____ ☐ Ja ☐ Nein ☐ Jein

2. _____ ☐ Ja ☐ Nein ☐ Jein

3. _____ ☐ Ja ☐ Nein ☐ Jein

Was habe ich heute gelernt? Durch welche Situationen/Anstrengungen bin ich gewachsen?

_____

_____

> »Ein Optimist findet immer einen Weg.
> Ein Pessimist findet immer eine Sackgasse.« – Napoleon Hill

Mein Erfolgstagebuch
#30

Morgens ☀

☐ Ich kenne mein »Warum«. (Tag 2)

☐ Ich bin überzeugt, dass ich mein Ziel erreichen kann. (Tag 4)

☐ WOOP – ich weiß, wie ich mit meinen Hindernissen erfolgreich umgehe. (Tag 8)

Positive Selbstbekräftigung: _____

_____

Abends ☾

Das werde ich **heute** tun, um meinem Ziel näher zu kommen (max. 3):

Habe ich mein Vorhaben umgesetzt?

1. _____ ☐ Ja ☐ Nein ☐ Jein

2. _____ ☐ Ja ☐ Nein ☐ Jein

3. _____ ☐ Ja ☐ Nein ☐ Jein

Was habe ich heute gelernt? Durch welche Situationen/Anstrengungen bin ich gewachsen?

_____

_____

> »Du wirst morgen sein, was du heute denkst.« – Buddha

Mein Erfolgstagebuch #31

Morgens

☐ Ich kenne mein »Warum«. (Tag 2)

☐ Ich bin überzeugt, dass ich mein Ziel erreichen kann. (Tag 4)

☐ WOOP – ich weiß, wie ich mit meinen Hindernissen erfolgreich umgehe. (Tag 8)

Positive Selbstbekräftigung: _____

_____

Abends

Das werde ich **heute** tun, um meinem Ziel näher zu kommen (max. 3):

Habe ich mein Vorhaben umgesetzt?

1. _____ ☐ Ja ☐ Nein ☐ Jein

2. _____ ☐ Ja ☐ Nein ☐ Jein

3. _____ ☐ Ja ☐ Nein ☐ Jein

Was habe ich heute gelernt? Durch welche Situationen/Anstrengungen bin ich gewachsen?

_____

_____

> »Wer immer tut, was er schon kann, bleibt immer, was er schon ist.« – Henry Ford

Wochencheck Nr. 2

Wo stehe ich in Sachen »Breaking Bad Habits«?	0 = Flop ---------- 6 = TOP
	0 1 2 3 4 5 6
1 Ich kenne mein Ziel.	
2 Ich weiß genau, warum ich mein Ziel erreichen will.	
3 Ich sehe mehr Nutzen als Kosten für die Erreichung meines Traumziels.	
4 Ich bin überzeugt, dass ich mein Ziel erreichen kann!	
5 Ich habe schlechte Routinen durch förderliche Routinen ersetzt.	
6 Ich habe Strukturen geschaffen, die es mir erleichtern, meine Pläne umzusetzen.	
7 Ich nutze die Unterstützung meines sozialen Umfeldes.	
8 Ich übe den Umgang mit meinen Hindernissen mit Hilfe von WOOP.	
9 Mein persönlicher Anker erinnert mich regelmäßig an mein Traumziel.	
10 Ich dokumentiere meinen Fortschritt und belohne mich ab und an.	
11 Mein Erfolgstagebuch reflektiert & motiviert mich.	
12 Ich bin dankbar für alles, was ist.	
13 Ich lerne von den Erfahrungen meiner Vorbilder.	

14	Ich trage Verantwortung für mich und/oder für andere.						
15	Ich führe täglich Entspannungsübungen durch (z. B. PMR, Meditation, AT).						
16	Ich lebe sehr achtsam mit mir, meinen Gedanken & Emotionen im Moment.						
17	Ich erhole mich sehr gut durch ausreichend Schlaf, Nährstoffe & Bewegung.						
18	Ich habe meine negativen Glaubenssätze in positive Glaubenssätze umgewandelt.						
19	Meine positiven Glaubenssätze sind fest mental verankert.						
20	Ich übe Mitgefühl und Vergebung bei Rückschlägen.						
21	Ich bin ein echter »Habit Breaker« und setze meine Pläne erfolgreich um.						

Ich bin dankbar für …

1. _____, weil _____

2. _____, weil _____

3. _____, weil _____

Mein Erfolgstagebuch #32

Morgens ☀

☐ Ich kenne mein »Warum«. (Tag 2)

☐ Ich bin überzeugt, dass ich mein Ziel erreichen kann. (Tag 4)

☐ WOOP – ich weiß, wie ich mit meinen Hindernissen erfolgreich umgehe. (Tag 8)

Positive Selbstbekräftigung: _____

_____

Abends ☾

Das werde ich **heute** tun, um meinem Ziel näher zu kommen (max. 3):

Habe ich mein Vorhaben umgesetzt?

1. _____ ☐ Ja ☐ Nein ☐ Jein

2. _____ ☐ Ja ☐ Nein ☐ Jein

3. _____ ☐ Ja ☐ Nein ☐ Jein

Was habe ich heute gelernt? Durch welche Situationen/Anstrengungen bin ich gewachsen?

_____

_____

> »Es sind nicht die äußeren Umstände, die das Leben verändern, sondern die inneren Veränderungen, die sich im Leben äußern.«
> Wilma Thomalla

Mein Erfolgstagebuch
#33

Morgens ☀

☐ Ich kenne mein »Warum«. (Tag 2)

☐ Ich bin überzeugt, dass ich mein Ziel erreichen kann. (Tag 4)

☐ WOOP – ich weiß, wie ich mit meinen Hindernissen erfolgreich umgehe. (Tag 8)

Positive Selbstbekräftigung: _____

_____

Abends ☾

Das werde ich **heute** tun, um meinem Ziel näher zu kommen (max. 3):

Habe ich mein Vorhaben umgesetzt?

1. _____ ☐ Ja ☐ Nein ☐ Jein

2. _____ ☐ Ja ☐ Nein ☐ Jein

3. _____ ☐ Ja ☐ Nein ☐ Jein

Was habe ich heute gelernt? Durch welche Situationen/Anstrengungen bin ich gewachsen?

_____

_____

»Der Mann, der den Berg abtrug, war derselbe, der damit anfing, kleine Steine wegzutragen.« – Chinesisches Sprichwort

Mein Erfolgstagebuch
#34

Morgens ☀

☐ Ich kenne mein »Warum«. (Tag 2)

☐ Ich bin überzeugt, dass ich mein Ziel erreichen kann. (Tag 4)

☐ WOOP – ich weiß, wie ich mit meinen Hindernissen erfolgreich umgehe. (Tag 8)

Positive Selbstbekräftigung: _____

_____

Abends ☾

Das werde ich **heute** tun, um meinem Ziel näher zu kommen (max. 3):

Habe ich mein Vorhaben umgesetzt?

1. _____ ☐ Ja ☐ Nein ☐ Jein

2. _____ ☐ Ja ☐ Nein ☐ Jein

3. _____ ☐ Ja ☐ Nein ☐ Jein

Was habe ich heute gelernt? Durch welche Situationen/Anstrengungen bin ich gewachsen?

_____

_____

> »Es gibt nur zwei Tage in deinem Leben, an denen du nichts ändern kannst: gestern und morgen.« – Dalai Lama

Mein Erfolgstagebuch
#35

Morgens ☀

☐ Ich kenne mein »Warum«. (Tag 2)

☐ Ich bin überzeugt, dass ich mein Ziel erreichen kann. (Tag 4)

☐ WOOP – ich weiß, wie ich mit meinen Hindernissen erfolgreich umgehe. (Tag 8)

Positive Selbstbekräftigung: _____

_____

Abends ☾

Das werde ich **heute** tun, um meinem Ziel näher zu kommen (max. 3):

Habe ich mein Vorhaben umgesetzt?

1. _____ ☐ Ja ☐ Nein ☐ Jein

2. _____ ☐ Ja ☐ Nein ☐ Jein

3. _____ ☐ Ja ☐ Nein ☐ Jein

Was habe ich heute gelernt? Durch welche Situationen/Anstrengungen bin ich gewachsen?

_____

_____

> »Wer kämpft, kann verlieren.
> Wer nicht kämpft, hat schon verloren.« – Bertolt Brecht

Mein Erfolgstagebuch
#36

Morgens ☀

☐ Ich kenne mein »Warum«. (Tag 2)

☐ Ich bin überzeugt, dass ich mein Ziel erreichen kann. (Tag 4)

☐ WOOP – ich weiß, wie ich mit meinen Hindernissen erfolgreich umgehe. (Tag 8)

Positive Selbstbekräftigung: _____

_____

Abends ☾

Das werde ich **heute** tun, um meinem Ziel näher zu kommen (max. 3):

Habe ich mein Vorhaben umgesetzt?

1. _____ ☐ Ja ☐ Nein ☐ Jein

2. _____ ☐ Ja ☐ Nein ☐ Jein

3. _____ ☐ Ja ☐ Nein ☐ Jein

Was habe ich heute gelernt? Durch welche Situationen/Anstrengungen bin ich gewachsen?

_____

_____

> »Unser Schicksal hängt nicht von den Sternen ab, sondern von unserem Handeln.« – William Shakespeare

Mein Erfolgstagebuch
#37

Morgens ☀

☐ Ich kenne mein »Warum«. (Tag 2)

☐ Ich bin überzeugt, dass ich mein Ziel erreichen kann. (Tag 4)

☐ WOOP – ich weiß, wie ich mit meinen Hindernissen erfolgreich umgehe. (Tag 8)

Positive Selbstbekräftigung: _____

_____

Abends ☾

Das werde ich **heute** tun, um meinem Ziel näher zu kommen (max. 3):

Habe ich mein Vorhaben umgesetzt?

1. _____ ☐ Ja ☐ Nein ☐ Jein

2. _____ ☐ Ja ☐ Nein ☐ Jein

3. _____ ☐ Ja ☐ Nein ☐ Jein

Was habe ich heute gelernt? Durch welche Situationen/Anstrengungen bin ich gewachsen?

_____

_____

> »Hab Geduld, alle Dinge sind schwierig, bevor sie einfach werden.« – französisches Sprichwort

Mein Erfolgstagebuch
#38

Morgens ☀

☐ Ich kenne mein »Warum«. (Tag 2)

☐ Ich bin überzeugt, dass ich mein Ziel erreichen kann. (Tag 4)

☐ WOOP – ich weiß, wie ich mit meinen Hindernissen erfolgreich umgehe. (Tag 8)

Positive Selbstbekräftigung: _____

_____

Abends ☾

Das werde ich **heute** tun, um meinem Ziel näher zu kommen (max. 3):

Habe ich mein Vorhaben umgesetzt?

1. _____ ☐ Ja ☐ Nein ☐ Jein

2. _____ ☐ Ja ☐ Nein ☐ Jein

3. _____ ☐ Ja ☐ Nein ☐ Jein

Was habe ich heute gelernt? Durch welche Situationen/Anstrengungen bin ich gewachsen?

_____

_____

> »Der ideale Tag wird nie kommen.
> Er ist heute, wenn wir ihn dazu machen.« – Horaz

Wochencheck Nr. 3

	Wo stehe ich in Sachen »Breaking Bad Habits«?	0 = Flop ———— 6 = TOP
		0 1 2 3 4 5 6
1	Ich kenne mein Ziel.	
2	Ich weiß genau, warum ich mein Ziel erreichen will.	
3	Ich sehe mehr Nutzen als Kosten für die Erreichung meines Traumziels.	
4	Ich bin überzeugt, dass ich mein Ziel erreichen kann!	
5	Ich habe schlechte Routinen durch förderliche Routinen ersetzt.	
6	Ich habe Strukturen geschaffen, die es mir erleichtern, meine Pläne umzusetzen.	
7	Ich nutze die Unterstützung meines sozialen Umfeldes.	
8	Ich übe den Umgang mit meinen Hindernissen mit Hilfe von WOOP.	
9	Mein persönlicher Anker erinnert mich regelmäßig an mein Traumziel.	
10	Ich dokumentiere meinen Fortschritt und belohne mich ab und an.	
11	Mein Erfolgstagebuch reflektiert & motiviert mich.	
12	Ich bin dankbar für alles, was ist.	
13	Ich lerne von den Erfahrungen meiner Vorbilder.	

14	Ich trage Verantwortung für mich und/oder für andere.						
15	Ich führe täglich Entspannungsübungen durch (z. B. PMR, Meditation, AT).						
16	Ich lebe sehr achtsam mit mir, meinen Gedanken & Emotionen im Moment.						
17	Ich erhole mich sehr gut durch ausreichend Schlaf, Nährstoffe & Bewegung.						
18	Ich habe meine negativen Glaubenssätze in positive Glaubenssätze umgewandelt.						
19	Meine positiven Glaubenssätze sind fest mental verankert.						
20	Ich übe Mitgefühl und Vergebung bei Rückschlägen.						
21	Ich bin ein echter »Habit Breaker« und setze meine Pläne erfolgreich um.						

Ich bin dankbar für ...

1. _____, weil _____

2. _____, weil _____

3. _____, weil _____

Mein Erfolgstagebuch
#39

Morgens ☀

☐ Ich kenne mein »Warum«. (Tag 2)

☐ Ich bin überzeugt, dass ich mein Ziel erreichen kann. (Tag 4)

☐ WOOP – ich weiß, wie ich mit meinen Hindernissen erfolgreich umgehe. (Tag 8)

Positive Selbstbekräftigung: _____

_____

Abends ☾

Das werde ich **heute** tun, um meinem Ziel näher zu kommen (max. 3):

Habe ich mein Vorhaben umgesetzt?

1. _____ ☐ Ja ☐ Nein ☐ Jein

2. _____ ☐ Ja ☐ Nein ☐ Jein

3. _____ ☐ Ja ☐ Nein ☐ Jein

Was habe ich heute gelernt? Durch welche Situationen/Anstrengungen bin ich gewachsen?

_____

_____

> »Die schwierigste Zeit in unserem Leben ist die beste Gelegenheit, innere Stärke zu entwickeln.« – Dalai Lama

Mein Erfolgstagebuch
#40

Morgens ☼

☐ Ich kenne mein »Warum«. (Tag 2)

☐ Ich bin überzeugt, dass ich mein Ziel erreichen kann. (Tag 4)

☐ WOOP – ich weiß, wie ich mit meinen Hindernissen erfolgreich umgehe. (Tag 8)

Positive Selbstbekräftigung: _____

_____

Abends ☾

Das werde ich **heute** tun, um meinem Ziel näher zu kommen (max. 3):

Habe ich mein Vorhaben umgesetzt?

1. _____ ☐ Ja ☐ Nein ☐ Jein

2. _____ ☐ Ja ☐ Nein ☐ Jein

3. _____ ☐ Ja ☐ Nein ☐ Jein

Was habe ich heute gelernt? Durch welche Situationen/Anstrengungen bin ich gewachsen?

_____

_____

> »Der Mensch kann unendlich viel, wenn er die Faulheit abgeschüttelt hat und sich vertraut, dass ihm gelingen muss, was er ernstlich will.« – Ernst Moritz Arndt

Mein Erfolgstagebuch #41

Morgens ☀

☐ Ich kenne mein »Warum«. (Tag 2)

☐ Ich bin überzeugt, dass ich mein Ziel erreichen kann. (Tag 4)

☐ WOOP – ich weiß, wie ich mit meinen Hindernissen erfolgreich umgehe. (Tag 8)

Positive Selbstbekräftigung: _____
_____

Abends ☾

Das werde ich **heute** tun, um meinem Ziel näher zu kommen (max. 3):

Habe ich mein Vorhaben umgesetzt?

1. _____ ☐ Ja ☐ Nein ☐ Jein

2. _____ ☐ Ja ☐ Nein ☐ Jein

3. _____ ☐ Ja ☐ Nein ☐ Jein

Was habe ich heute gelernt? Durch welche Situationen/Anstrengungen bin ich gewachsen?
_____
_____

»Hindernisse können mich nicht aufhalten. Entschlossenheit bringt jedes Hindernis zu Fall.« – Leonardo da Vinci

Mein Erfolgstagebuch
#42

Morgens ☼

☐ Ich kenne mein »Warum«. (Tag 2)

☐ Ich bin überzeugt, dass ich mein Ziel erreichen kann. (Tag 4)

☐ WOOP – ich weiß, wie ich mit meinen Hindernissen erfolgreich umgehe. (Tag 8)

Positive Selbstbekräftigung: _____

_____

Abends ☾

Das werde ich **heute** tun, um meinem Ziel näher zu kommen (max. 3):

Habe ich mein Vorhaben umgesetzt?

1. _____ ☐ Ja ☐ Nein ☐ Jein

2. _____ ☐ Ja ☐ Nein ☐ Jein

3. _____ ☐ Ja ☐ Nein ☐ Jein

Was habe ich heute gelernt? Durch welche Situationen/Anstrengungen bin ich gewachsen?

_____

_____

»What if I fall? Oh my darling, what if you fly?«
Erin Hanson

Mein Erfolgstagebuch
#43

Morgens ☀

☐ Ich kenne mein »Warum«. (Tag 2)

☐ Ich bin überzeugt, dass ich mein Ziel erreichen kann. (Tag 4)

☐ WOOP – ich weiß, wie ich mit meinen Hindernissen erfolgreich umgehe. (Tag 8)

Positive Selbstbekräftigung: _____

_____

Abends ☾

Das werde ich **heute** tun, um meinem Ziel näher zu kommen (max. 3):

Habe ich mein Vorhaben umgesetzt?

1. _____ ☐ Ja ☐ Nein ☐ Jein

2. _____ ☐ Ja ☐ Nein ☐ Jein

3. _____ ☐ Ja ☐ Nein ☐ Jein

Was habe ich heute gelernt? Durch welche Situationen/Anstrengungen bin ich gewachsen?

_____

_____

> »War dieser Tag nicht dein Freund, dann war er wenigstens dein Lehrer.« – Laotse

Mein Erfolgstagebuch
#44

Morgens ☀

☐ Ich kenne mein »Warum«. (Tag 2)

☐ Ich bin überzeugt, dass ich mein Ziel erreichen kann. (Tag 4)

☐ WOOP – ich weiß, wie ich mit meinen Hindernissen erfolgreich umgehe. (Tag 8)

Positive Selbstbekräftigung: _____

_____

Abends ☾

Das werde ich **heute** tun, um meinem Ziel näher zu kommen (max. 3):

Habe ich mein Vorhaben umgesetzt?

1. _____ ☐ Ja ☐ Nein ☐ Jein

2. _____ ☐ Ja ☐ Nein ☐ Jein

3. _____ ☐ Ja ☐ Nein ☐ Jein

Was habe ich heute gelernt? Durch welche Situationen/Anstrengungen bin ich gewachsen?

_____

_____

> »Glück ist kein Geschenk der Götter, sondern die Frucht innerer Einstellung.« – Erich Fromm

Mein Erfolgstagebuch
#45

Morgens ☀

☐ Ich kenne mein »Warum«. (Tag 2)

☐ Ich bin überzeugt, dass ich mein Ziel erreichen kann. (Tag 4)

☐ WOOP – ich weiß, wie ich mit meinen Hindernissen erfolgreich umgehe. (Tag 8)

Positive Selbstbekräftigung: _____

_____

Abends ☾

Das werde ich **heute** tun, um meinem Ziel näher zu kommen (max. 3):

Habe ich mein Vorhaben umgesetzt?

1. _____ ☐ Ja ☐ Nein ☐ Jein

2. _____ ☐ Ja ☐ Nein ☐ Jein

3. _____ ☐ Ja ☐ Nein ☐ Jein

Was habe ich heute gelernt? Durch welche Situationen/Anstrengungen bin ich gewachsen?

_____

_____

> »An Zeit fehlt es uns vor allem dort, wo es uns am Wollen fehlt.« – Ernst Ferstl

Wochencheck Nr. 4

Wo stehe ich in Sachen »Breaking Bad Habits«?		0=Flop ---------- 6=TOP 0 1 2 3 4 5 6
1	Ich kenne mein Ziel.	
2	Ich weiß genau, warum ich mein Ziel erreichen will.	
3	Ich sehe mehr Nutzen als Kosten für die Erreichung meines Traumziels.	
4	Ich bin überzeugt, dass ich mein Ziel erreichen kann!	
5	Ich habe schlechte Routinen durch förderliche Routinen ersetzt.	
6	Ich habe Strukturen geschaffen, die es mir erleichtern, meine Pläne umzusetzen.	
7	Ich nutze die Unterstützung meines sozialen Umfeldes.	
8	Ich übe den Umgang mit meinen Hindernissen mit Hilfe von WOOP.	
9	Mein persönlicher Anker erinnert mich regelmäßig an mein Traumziel.	
10	Ich dokumentiere meinen Fortschritt und belohne mich ab und an.	
11	Mein Erfolgstagebuch reflektiert & motiviert mich.	
12	Ich bin dankbar für alles, was ist.	
13	Ich lerne von den Erfahrungen meiner Vorbilder.	

14	Ich trage Verantwortung für mich und/oder für andere.	
15	Ich führe täglich Entspannungsübungen durch (z. B. PMR, Meditation, AT).	
16	Ich lebe sehr achtsam mit mir, meinen Gedanken & Emotionen im Moment.	
17	Ich erhole mich sehr gut durch ausreichend Schlaf, Nährstoffe & Bewegung.	
18	Ich habe meine negativen Glaubenssätze in positive Glaubenssätze umgewandelt.	
19	Meine positiven Glaubenssätze sind fest mental verankert.	
20	Ich übe Mitgefühl und Vergebung bei Rückschlägen.	
21	Ich bin ein echter »Habit Breaker« und setze meine Pläne erfolgreich um.	

Ich bin dankbar für …

1. _____ , weil _____

_____

2. _____ , weil _____

_____

3. _____ , weil _____

_____

Mein Erfolgstagebuch
#46

Morgens ☀

☐ Ich kenne mein »Warum«. (Tag 2)

☐ Ich bin überzeugt, dass ich mein Ziel erreichen kann. (Tag 4)

☐ WOOP – ich weiß, wie ich mit meinen Hindernissen erfolgreich umgehe. (Tag 8)

Positive Selbstbekräftigung: _____

_____

Abends ☾

Das werde ich **heute** tun, um meinem Ziel näher zu kommen (max. 3):

Habe ich mein Vorhaben umgesetzt?

1. _____ ☐ Ja ☐ Nein ☐ Jein

2. _____ ☐ Ja ☐ Nein ☐ Jein

3. _____ ☐ Ja ☐ Nein ☐ Jein

Was habe ich heute gelernt? Durch welche Situationen/Anstrengungen bin ich gewachsen?

_____

_____

»Es ist nicht genug, zu wissen – man muss auch anwenden. Es ist nicht genug, zu wollen – man muss es auch tun.« – J. W. von Goethe

Mein Erfolgstagebuch #47

Morgens ☼

☐ Ich kenne mein »Warum«. (Tag 2)

☐ Ich bin überzeugt, dass ich mein Ziel erreichen kann. (Tag 4)

☐ WOOP – ich weiß, wie ich mit meinen Hindernissen erfolgreich umgehe. (Tag 8)

Positive Selbstbekräftigung: _____

_____

Abends ☾

Das werde ich **heute** tun, um meinem Ziel näher zu kommen (max. 3):

Habe ich mein Vorhaben umgesetzt?

1. _____ ☐ Ja ☐ Nein ☐ Jein

2. _____ ☐ Ja ☐ Nein ☐ Jein

3. _____ ☐ Ja ☐ Nein ☐ Jein

Was habe ich heute gelernt? Durch welche Situationen/Anstrengungen bin ich gewachsen?

_____

_____

> »Der Weg ist das Ziel.« – Konfuzius

Habit-Breaker-Phase

Mein Erfolgstagebuch
#48

Morgens ☼

☐ Ich kenne mein »Warum«. (Tag 2)

☐ Ich bin überzeugt, dass ich mein Ziel erreichen kann. (Tag 4)

☐ WOOP – ich weiß, wie ich mit meinen Hindernissen erfolgreich umgehe. (Tag 8)

Positive Selbstbekräftigung: _____

_____

Abends ☾

Das werde ich **heute** tun, um meinem Ziel näher zu kommen (max. 3):

Habe ich mein Vorhaben umgesetzt?

1. _____ ☐ Ja ☐ Nein ☐ Jein

2. _____ ☐ Ja ☐ Nein ☐ Jein

3. _____ ☐ Ja ☐ Nein ☐ Jein

Was habe ich heute gelernt? Durch welche Situationen/Anstrengungen bin ich gewachsen?

_____

_____

> »Die Tränen lassen nichts gewinnen. Wer schaffen will, muss fröhlich sein.« – Theodor Fontane

Mein Erfolgstagebuch
#49

Morgens ☀

☐ Ich kenne mein »Warum«. (Tag 2)

☐ Ich bin überzeugt, dass ich mein Ziel erreichen kann. (Tag 4)

☐ WOOP – ich weiß, wie ich mit meinen Hindernissen erfolgreich umgehe. (Tag 8)

Positive Selbstbekräftigung: _____

_____

Abends ☾

Das werde ich **heute** tun, um meinem Ziel näher zu kommen (max. 3):

Habe ich mein Vorhaben umgesetzt?

1. _____ ☐ Ja ☐ Nein ☐ Jein

2. _____ ☐ Ja ☐ Nein ☐ Jein

3. _____ ☐ Ja ☐ Nein ☐ Jein

Was habe ich heute gelernt? Durch welche Situationen/Anstrengungen bin ich gewachsen?

_____

_____

> »Man merkt nie, was schon getan wurde.
> Man sieht immer nur, was noch zu tun bleibt.« – Marie Curie

Mein Erfolgstagebuch
#50

Morgens ☀

☐ Ich kenne mein »Warum«. (Tag 2)

☐ Ich bin überzeugt, dass ich mein Ziel erreichen kann. (Tag 4)

☐ WOOP – ich weiß, wie ich mit meinen Hindernissen erfolgreich umgehe. (Tag 8)

Positive Selbstbekräftigung: _____

_____

Abends ☾

Das werde ich **heute** tun, um meinem Ziel näher zu kommen (max. 3):

Habe ich mein Vorhaben umgesetzt?

1. _____ ☐ Ja ☐ Nein ☐ Jein

2. _____ ☐ Ja ☐ Nein ☐ Jein

3. _____ ☐ Ja ☐ Nein ☐ Jein

Was habe ich heute gelernt? Durch welche Situationen/Anstrengungen bin ich gewachsen?

_____

_____

»Wenn es einen Glauben gibt, der Berge versetzen kann, so ist es der Glaube an die eigene Kraft.« – Marie von Ebner-Eschenbach

Mein Erfolgstagebuch
#51

Morgens ☀

☐ Ich kenne mein »Warum«. (Tag 2)

☐ Ich bin überzeugt, dass ich mein Ziel erreichen kann. (Tag 4)

☐ WOOP – ich weiß, wie ich mit meinen Hindernissen erfolgreich umgehe. (Tag 8)

Positive Selbstbekräftigung: _____
_____

Abends 🌙

Das werde ich **heute** tun, um meinem Ziel näher zu kommen (max. 3):

Habe ich mein Vorhaben umgesetzt?

1. _____ ☐ Ja ☐ Nein ☐ Jein

2. _____ ☐ Ja ☐ Nein ☐ Jein

3. _____ ☐ Ja ☐ Nein ☐ Jein

Was habe ich heute gelernt? Durch welche Situationen/Anstrengungen bin ich gewachsen?
_____
_____

> »Aufschub ist der Dieb der Zeit.« – Edward Young

Mein Erfolgstagebuch #52

Morgens ☀

☐ Ich kenne mein »Warum«. (Tag 2)

☐ Ich bin überzeugt, dass ich mein Ziel erreichen kann. (Tag 4)

☐ WOOP – ich weiß, wie ich mit meinen Hindernissen erfolgreich umgehe. (Tag 8)

Positive Selbstbekräftigung: _____

_____

Abends ☾

Das werde ich **heute** tun, um meinem Ziel näher zu kommen (max. 3):

Habe ich mein Vorhaben umgesetzt?

1. _____ ☐ Ja ☐ Nein ☐ Jein

2. _____ ☐ Ja ☐ Nein ☐ Jein

3. _____ ☐ Ja ☐ Nein ☐ Jein

Was habe ich heute gelernt? Durch welche Situationen/Anstrengungen bin ich gewachsen?

_____

_____

> »Alles Schwierige hat seinen Ursprung im Leichten – und alles Große im Kleinen.« – Laotse

Wochencheck Nr. 5

	Wo stehe ich in Sachen »Breaking Bad Habits«?	0 = Flop —————— 6 = TOP						
		0	1	2	3	4	5	6
1	Ich kenne mein Ziel.							
2	Ich weiß genau, warum ich mein Ziel erreichen will.							
3	Ich sehe mehr Nutzen als Kosten für die Erreichung meines Traumziels.							
4	Ich bin überzeugt, dass ich mein Ziel erreichen kann!							
5	Ich habe schlechte Routinen durch förderliche Routinen ersetzt.							
6	Ich habe Strukturen geschaffen, die es mir erleichtern, meine Pläne umzusetzen.							
7	Ich nutze die Unterstützung meines sozialen Umfeldes.							
8	Ich übe den Umgang mit meinen Hindernissen mit Hilfe von WOOP.							
9	Mein persönlicher Anker erinnert mich regelmäßig an mein Traumziel.							
10	Ich dokumentiere meinen Fortschritt und belohne mich ab und an.							
11	Mein Erfolgstagebuch reflektiert & motiviert mich.							
12	Ich bin dankbar für alles, was ist.							
13	Ich lerne von den Erfahrungen meiner Vorbilder.							

14	Ich trage Verantwortung für mich und/oder für andere.						
15	Ich führe täglich Entspannungsübungen durch (z. B. PMR, Meditation, AT).						
16	Ich lebe sehr achtsam mit mir, meinen Gedanken & Emotionen im Moment.						
17	Ich erhole mich sehr gut durch ausreichend Schlaf, Nährstoffe & Bewegung.						
18	Ich habe meine negativen Glaubenssätze in positive Glaubenssätze umgewandelt.						
19	Meine positiven Glaubenssätze sind fest mental verankert.						
20	Ich übe Mitgefühl und Vergebung bei Rückschlägen.						
21	Ich bin ein echter »Habit Breaker« und setze meine Pläne erfolgreich um.						

Ich bin dankbar für …

1. _____, weil _____

2. _____, weil _____

3. _____, weil _____

Mein Erfolgstagebuch
#53

Morgens

☐ Ich kenne mein »Warum«. (Tag 2)

☐ Ich bin überzeugt, dass ich mein Ziel erreichen kann. (Tag 4)

☐ WOOP – ich weiß, wie ich mit meinen Hindernissen erfolgreich umgehe. (Tag 8)

Positive Selbstbekräftigung: _____

_____

Abends

Das werde ich **heute** tun, um meinem Ziel näher zu kommen (max. 3):

Habe ich mein Vorhaben umgesetzt?

1. _____ ☐ Ja ☐ Nein ☐ Jein

2. _____ ☐ Ja ☐ Nein ☐ Jein

3. _____ ☐ Ja ☐ Nein ☐ Jein

Was habe ich heute gelernt? Durch welche Situationen/Anstrengungen bin ich gewachsen?

_____

_____

> »Wenn du die Absicht hast, dich zu erneuern, tu es jeden Tag.« – Konfuzius

Mein Erfolgstagebuch
#54

Morgens ☀

☐ Ich kenne mein »Warum«. (Tag 2)

☐ Ich bin überzeugt, dass ich mein Ziel erreichen kann. (Tag 4)

☐ WOOP – ich weiß, wie ich mit meinen Hindernissen erfolgreich umgehe. (Tag 8)

Positive Selbstbekräftigung: _____

_____

Abends ☾

Das werde ich **heute** tun, um meinem Ziel näher zu kommen (max. 3):

Habe ich mein Vorhaben umgesetzt?

1. _____   ☐ Ja ☐ Nein ☐ Jein

2. _____   ☐ Ja ☐ Nein ☐ Jein

3. _____   ☐ Ja ☐ Nein ☐ Jein

Was habe ich heute gelernt? Durch welche Situationen/Anstrengungen bin ich gewachsen?

_____

_____

> »In einem Jahr von heute könntest du dir wünschen, du hättest heute angefangen.« – Karen Lamb

Mein Erfolgstagebuch
#55

Morgens ☀

☐ Ich kenne mein »Warum«. (Tag 2)

☐ Ich bin überzeugt, dass ich mein Ziel erreichen kann. (Tag 4)

☐ WOOP – ich weiß, wie ich mit meinen Hindernissen erfolgreich umgehe. (Tag 8)

Positive Selbstbekräftigung: _____

_____

Abends ☾

Das werde ich **heute** tun, um meinem Ziel näher zu kommen (max. 3):

Habe ich mein Vorhaben umgesetzt?

1. _____ ☐ Ja ☐ Nein ☐ Jein

2. _____ ☐ Ja ☐ Nein ☐ Jein

3. _____ ☐ Ja ☐ Nein ☐ Jein

Was habe ich heute gelernt? Durch welche Situationen/Anstrengungen bin ich gewachsen?

_____

> »Erfolgreich sind nicht diejenigen mit weniger Schwächen, sondern diejenigen, die sie genau kennen und mit entsprechenden Strategien zu ihrem Vorteil umzugehen wissen.« – Sabrina Haase

Mein Erfolgstagebuch
#56

Morgens ☀

☐ Ich kenne mein »Warum«. (Tag 2)

☐ Ich bin überzeugt, dass ich mein Ziel erreichen kann. (Tag 4)

☐ WOOP – ich weiß, wie ich mit meinen Hindernissen erfolgreich umgehe. (Tag 8)

Positive Selbstbekräftigung: _____

_____

Abends ☾

Das werde ich **heute** tun, um meinem Ziel näher zu kommen (max. 3):

Habe ich mein Vorhaben umgesetzt?

1. _____ ☐ Ja ☐ Nein ☐ Jein

2. _____ ☐ Ja ☐ Nein ☐ Jein

3. _____ ☐ Ja ☐ Nein ☐ Jein

Was habe ich heute gelernt? Durch welche Situationen/Anstrengungen bin ich gewachsen?

_____

_____

> »Der Langsamste, der sein Ziel nicht aus den Augen verliert, geht noch immer geschwinder als jener, der ohne Ziel umherirrt.« – G. E. Lessing

Mein Erfolgstagebuch
#57

Morgens ☼

☐ Ich kenne mein »Warum«. (Tag 2)

☐ Ich bin überzeugt, dass ich mein Ziel erreichen kann. (Tag 4)

☐ WOOP – ich weiß, wie ich mit meinen Hindernissen erfolgreich umgehe. (Tag 8)

Positive Selbstbekräftigung: _____

_____

Abends ☾

Das werde ich **heute** tun, um meinem Ziel näher zu kommen (max. 3):

Habe ich mein Vorhaben umgesetzt?

1. _____   ☐ Ja ☐ Nein ☐ Jein

2. _____   ☐ Ja ☐ Nein ☐ Jein

3. _____   ☐ Ja ☐ Nein ☐ Jein

Was habe ich heute gelernt? Durch welche Situationen/Anstrengungen bin ich gewachsen?

_____

_____

»Unser Leben ist das Produkt unserer Gedanken.« – Mark Aurel

Mein Erfolgstagebuch
#58

Morgens ☼

☐ Ich kenne mein »Warum«. (Tag 2)

☐ Ich bin überzeugt, dass ich mein Ziel erreichen kann. (Tag 4)

☐ WOOP – ich weiß, wie ich mit meinen Hindernissen erfolgreich umgehe. (Tag 8)

Positive Selbstbekräftigung: _____

_____

Abends ☾

Das werde ich **heute** tun, um meinem Ziel näher zu kommen (max. 3):

Habe ich mein Vorhaben umgesetzt?

1. _____ ☐ Ja ☐ Nein ☐ Jein

2. _____ ☐ Ja ☐ Nein ☐ Jein

3. _____ ☐ Ja ☐ Nein ☐ Jein

Was habe ich heute gelernt? Durch welche Situationen/Anstrengungen bin ich gewachsen?

_____

_____

> »Wann, wenn nicht jetzt? Wo, wenn nicht hier? Wer, wenn nicht du?« – John F. Kennedy

Mein Erfolgstagebuch
#59

Morgens ☀

☐ Ich kenne mein »Warum«. (Tag 2)

☐ Ich bin überzeugt, dass ich mein Ziel erreichen kann. (Tag 4)

☐ WOOP – ich weiß, wie ich mit meinen Hindernissen erfolgreich umgehe. (Tag 8)

Positive Selbstbekräftigung: _____

_____

Abends ☾

Das werde ich **heute** tun, um meinem Ziel näher zu kommen (max. 3):

Habe ich mein Vorhaben umgesetzt?

1. _____ ☐ Ja ☐ Nein ☐ Jein

2. _____ ☐ Ja ☐ Nein ☐ Jein

3. _____ ☐ Ja ☐ Nein ☐ Jein

Was habe ich heute gelernt? Durch welche Situationen/Anstrengungen bin ich gewachsen?

_____

_____

> »Fortschritt gibt es nicht ohne Veränderung. Wer sein Denken nicht ändern kann, kann gar nichts ändern.« – George Bernard Shaw

Wochencheck Nr. 6

Wo stehe ich in Sachen »Breaking Bad Habits«?		0 = Flop ────── 6 = TOP 0 1 2 3 4 5 6
1	Ich kenne mein Ziel.	
2	Ich weiß genau, warum ich mein Ziel erreichen will.	
3	Ich sehe mehr Nutzen als Kosten für die Erreichung meines Traumziels.	
4	Ich bin überzeugt, dass ich mein Ziel erreichen kann!	
5	Ich habe schlechte Routinen durch förderliche Routinen ersetzt.	
6	Ich habe Strukturen geschaffen, die es mir erleichtern, meine Pläne umzusetzen.	
7	Ich nutze die Unterstützung meines sozialen Umfeldes.	
8	Ich übe den Umgang mit meinen Hindernissen mit Hilfe von WOOP.	
9	Mein persönlicher Anker erinnert mich regelmäßig an mein Traumziel.	
10	Ich dokumentiere meinen Fortschritt und belohne mich ab und an.	
11	Mein Erfolgstagebuch reflektiert & motiviert mich.	
12	Ich bin dankbar für alles, was ist.	
13	Ich lerne von den Erfahrungen meiner Vorbilder.	

14	Ich trage Verantwortung für mich und/oder für andere.							
15	Ich führe täglich Entspannungsübungen durch (z. B. PMR, Meditation, AT).							
16	Ich lebe sehr achtsam mit mir, meinen Gedanken & Emotionen im Moment.							
17	Ich erhole mich sehr gut durch ausreichend Schlaf, Nährstoffe & Bewegung.							
18	Ich habe meine negativen Glaubenssätze in positive Glaubenssätze umgewandelt.							
19	Meine positiven Glaubenssätze sind fest mental verankert.							
20	Ich übe Mitgefühl und Vergebung bei Rückschlägen.							
21	Ich bin ein echter »Habit Breaker« und setze meine Pläne erfolgreich um.							

Ich bin dankbar für ...

1. _____, weil _____

_____

2. _____, weil _____

_____

3. _____, weil _____

_____

Mein Erfolgstagebuch
#60

Morgens ☀

☐ Ich kenne mein »Warum«. (Tag 2)

☐ Ich bin überzeugt, dass ich mein Ziel erreichen kann. (Tag 4)

☐ WOOP – ich weiß, wie ich mit meinen Hindernissen erfolgreich umgehe. (Tag 8)

Positive Selbstbekräftigung: _____

_____

Abends ☾

Das werde ich **heute** tun, um meinem Ziel näher zu kommen (max. 3):

Habe ich mein Vorhaben umgesetzt?

1. _____ ☐ Ja ☐ Nein ☐ Jein

2. _____ ☐ Ja ☐ Nein ☐ Jein

3. _____ ☐ Ja ☐ Nein ☐ Jein

Was habe ich heute gelernt? Durch welche Situationen/Anstrengungen bin ich gewachsen?

_____

_____

> »Der Unterschied zwischen einem Berg und einem Hügel liegt in deiner Perspektive.« – Al Neuharth

Mein Erfolgstagebuch
#61

Morgens ☀

☐ Ich kenne mein »Warum«. (Tag 2)

☐ Ich bin überzeugt, dass ich mein Ziel erreichen kann. (Tag 4)

☐ WOOP – ich weiß, wie ich mit meinen Hindernissen erfolgreich umgehe. (Tag 8)

Positive Selbstbekräftigung: _____

_____

Abends ☾

Das werde ich **heute** tun, um meinem Ziel näher zu kommen (max. 3):

Habe ich mein Vorhaben umgesetzt?

1. _____ ☐ Ja ☐ Nein ☐ Jein

2. _____ ☐ Ja ☐ Nein ☐ Jein

3. _____ ☐ Ja ☐ Nein ☐ Jein

Was habe ich heute gelernt? Durch welche Situationen/Anstrengungen bin ich gewachsen?

_____

_____

> »Jede deiner Entscheidungen führt zu einem Endergebnis.« – Zig Ziglar

Mein Erfolgstagebuch
#62

Morgens ☀

☐ Ich kenne mein »Warum«. (Tag 2)

☐ Ich bin überzeugt, dass ich mein Ziel erreichen kann. (Tag 4)

☐ WOOP – ich weiß, wie ich mit meinen Hindernissen erfolgreich umgehe. (Tag 8)

Positive Selbstbekräftigung: _____

_____

Abends ☾

Das werde ich **heute** tun, um meinem Ziel näher zu kommen (max. 3):

Habe ich mein Vorhaben umgesetzt?

1. _____ ☐ Ja ☐ Nein ☐ Jein

2. _____ ☐ Ja ☐ Nein ☐ Jein

3. _____ ☐ Ja ☐ Nein ☐ Jein

Was habe ich heute gelernt? Durch welche Situationen/Anstrengungen bin ich gewachsen?

_____

_____

»Disziplin ist die Entscheidung zwischen dem, was du sofort willst, und dem, was dir am wichtigsten ist.« – Neale Donald Walsch

Mein Erfolgstagebuch
#63

Morgens

☐ Ich kenne mein »Warum«. (Tag 2)

☐ Ich bin überzeugt, dass ich mein Ziel erreichen kann. (Tag 4)

☐ WOOP – ich weiß, wie ich mit meinen Hindernissen erfolgreich umgehe. (Tag 8)

Positive Selbstbekräftigung: _____

_____

Abends

Das werde ich **heute** tun, um meinem Ziel näher zu kommen (max. 3):

Habe ich mein Vorhaben umgesetzt?

1. _____ ☐ Ja ☐ Nein ☐ Jein

2. _____ ☐ Ja ☐ Nein ☐ Jein

3. _____ ☐ Ja ☐ Nein ☐ Jein

Was habe ich heute gelernt? Durch welche Situationen/Anstrengungen bin ich gewachsen?

_____

_____

> »Alle Hindernisse und Schwierigkeiten sind Stufen, auf denen wir in die Höhe steigen.« – F.W. Nietzsche

Mein Erfolgstagebuch
#64

Morgens ☀

☐ Ich kenne mein »Warum«. (Tag 2)

☐ Ich bin überzeugt, dass ich mein Ziel erreichen kann. (Tag 4)

☐ WOOP – ich weiß, wie ich mit meinen Hindernissen erfolgreich umgehe. (Tag 8)

Positive Selbstbekräftigung: _____

_____

Abends ☾

Das werde ich **heute** tun, um meinem Ziel näher zu kommen (max. 3):

Habe ich mein Vorhaben umgesetzt?

1. _____ ☐ Ja ☐ Nein ☐ Jein

2. _____ ☐ Ja ☐ Nein ☐ Jein

3. _____ ☐ Ja ☐ Nein ☐ Jein

Was habe ich heute gelernt? Durch welche Situationen/Anstrengungen bin ich gewachsen?

_____

_____

> »Schau niemals zurück. Es sei denn, du möchtest in diese Richtung gehen.« – Henry David Thoreau

Mein Erfolgstagebuch
#65

Morgens ☀

☐ Ich kenne mein »Warum«. (Tag 2)

☐ Ich bin überzeugt, dass ich mein Ziel erreichen kann. (Tag 4)

☐ WOOP – ich weiß, wie ich mit meinen Hindernissen erfolgreich umgehe. (Tag 8)

Positive Selbstbekräftigung: _____

_____

Abends ☾

Das werde ich **heute** tun, um meinem Ziel näher zu kommen (max. 3):

Habe ich mein Vorhaben umgesetzt?

1. _____ ☐ Ja ☐ Nein ☐ Jein

2. _____ ☐ Ja ☐ Nein ☐ Jein

3. _____ ☐ Ja ☐ Nein ☐ Jein

Was habe ich heute gelernt? Durch welche Situationen/Anstrengungen bin ich gewachsen?

_____

_____

> »Es ist nicht der mutig, der keine Angst hat, sondern der, der seine Angst überwindet.« – Mahatma Gandhi

Mein Erfolgstagebuch
#66

Morgens ☀

☐ Ich kenne mein »Warum«. (Tag 2)

☐ Ich bin überzeugt, dass ich mein Ziel erreichen kann. (Tag 4)

☐ WOOP – ich weiß, wie ich mit meinen Hindernissen erfolgreich umgehe. (Tag 8)

Positive Selbstbekräftigung: _____

_____

Abends ☾

Das werde ich **heute** tun, um meinem Ziel näher zu kommen (max. 3):

Habe ich mein Vorhaben umgesetzt?

1. _____ ☐ Ja ☐ Nein ☐ Jein

2. _____ ☐ Ja ☐ Nein ☐ Jein

3. _____ ☐ Ja ☐ Nein ☐ Jein

Was habe ich heute gelernt? Durch welche Situationen/Anstrengungen bin ich gewachsen?

_____

_____

> »Wir denken selten an das, was wir haben, aber immer an das, was uns fehlt.« – A. Schopenhauer

Wochencheck Nr. 7

	Wo stehe ich in Sachen »Breaking Bad Habits«?	0 = Flop ———— 6 = TOP
		0 1 2 3 4 5 6
1	Ich kenne mein Ziel.	
2	Ich weiß genau, warum ich mein Ziel erreichen will.	
3	Ich sehe mehr Nutzen als Kosten für die Erreichung meines Traumziels.	
4	Ich bin überzeugt, dass ich mein Ziel erreichen kann!	
5	Ich habe schlechte Routinen durch förderliche Routinen ersetzt.	
6	Ich habe Strukturen geschaffen, die es mir erleichtern, meine Pläne umzusetzen.	
7	Ich nutze die Unterstützung meines sozialen Umfeldes.	
8	Ich übe den Umgang mit meinen Hindernissen mit Hilfe von WOOP.	
9	Mein persönlicher Anker erinnert mich regelmäßig an mein Traumziel.	
10	Ich dokumentiere meinen Fortschritt und belohne mich ab und an.	
11	Mein Erfolgstagebuch reflektiert & motiviert mich.	
12	Ich bin dankbar für alles, was ist.	
13	Ich lerne von den Erfahrungen meiner Vorbilder.	

14	Ich trage Verantwortung für mich und/oder für andere.	
15	Ich führe täglich Entspannungsübungen durch (z. B. PMR, Meditation, AT).	
16	Ich lebe sehr achtsam mit mir, meinen Gedanken & Emotionen im Moment.	
17	Ich erhole mich sehr gut durch ausreichend Schlaf, Nährstoffe & Bewegung.	
18	Ich habe meine negativen Glaubenssätze in positive Glaubenssätze umgewandelt.	
19	Meine positiven Glaubenssätze sind fest mental verankert.	
20	Ich übe Mitgefühl und Vergebung bei Rückschlägen.	
21	Ich bin ein echter »Habit Breaker« und setze meine Pläne erfolgreich um.	

Ich bin dankbar für …

1. _____, weil _____

_____

2. _____, weil _____

_____

3. _____, weil _____

_____

No end

habits change
into character.

Liebe Leserin, lieber Leser,

hat Ihnen dieses Buch weitergeholfen? Für Anregungen, Kritik, aber auch für Lob sind wir offen. So können wir in Zukunft noch besser auf Ihre Wünsche eingehen. Schreiben Sie uns, denn Ihre Meinung zählt!

Ihr TRIAS Verlag

Lektorat TRIAS Verlag
Postfach 30 05 04 70445 Stuttgart
Fax: 0711 89 31-748 E-Mail-Leserservice
kundenservice@trias-verlag.de

Für Fragen oder Anregungen:
Sabrina Haase
DynaMe Fitness and
Health Management GmbH
Performance Institute Hamburg
Grindelhof 35, 20146 Hamburg
mail@breakingbadhabits.de
www.performance-Institute-hamburg.de

Literaturverzeichnis

[1] 88 % aller Neujahrsvorsätze scheitern binnen kürzester Zeit
Wiseman, R. (2007). http://news.bbc.co.uk/2/hi/health/7162692.stm (20.7.2018).

[2] 2 % Energieverbrauch für unbewusste und 20 % für bewusste Entscheidungen
Gigerenzer, G. (2007). Bauchentscheidungen: Die Intelligenz des Unbewussten und die Macht der Intuition. München: Bertelsmann.

[3] 95 % unserer Entscheidungen sind unbewusst
Zaltman, G. (2003). How Customers Think: Essential Insights into the Mind of the Markets. Boston: Harvard Business School Press.

[4] Das Gehirn kann nicht zwischen guten & schlechten Gewohnheiten unterscheiden
Duhigg, C. (2012). The Power of habit: Why we do what we do, and how to change. Random House Books.

[5] Durchschnittlich 66 Tage bis zur festen Gewohnheit
Lally, P. et al. (2009). How are habits formed: Modelling habit formation in the real world. European Journal of Social Psychology (40), 998–1009. https://onlinelibrary.wiley.com/doi/abs/10.1002/ejsp.674 (20.7.2018).

[6] Tagebücher sind sehr effektiv zur Selbstbeobachtung und Verhaltensänderung
Wilz, G. & Brähler, E. (Hrsg.) (1997). Tagebücher in Therapie und Forschung. Göttingen: Hogrefe.

[7] S.M.A.R.T. Ziele setzen
Doran, G. T. (1981). There's a S.M.A.R.T. way to write management's goals and objectives. Management Review, 70(11) 35–36.

[8] Das Erleben von Sinn ist die stärkste Motivation für uns Menschen
Frankl, E.V. (1985). Der Mensch vor der Frage nach dem Sinn: Eine Auswahl aus dem Gesamtwerk. München: Piper.

[9] Mit Woop erfolgreich Hindernisse überwinden und Ziele erreichen
Oettingen, G. (2017). Die Psychologie des Gelingens. München: Droemer.

[10] Woop funktioniert bei Ernährungsumstellung, Gewichtsreduktion, Raucherentwöhnung und Aktivitätssteigerung
Oettingen, G. et al. Diverse wiss. Nachweise auf: http://woopmylife.org/science-de/ (20.7.2018).

[11] Dankbarkeit macht glücklich – Glücklichsein steigert den Erfolg
Seligman, M.E. et al. (2005). Positive psychology progress: empirical validation of interventions. American Psychologist Jul–Aug; 60(5), 410–421.

[12] Lernen am Modell steigert den Lerneffekt im Veränderungsprozess
Bandura, A. (1994). Lernen am Modell. Stuttgart: Klett-Cotta.

Notizen

Notizen

Notizen

Notizen

Notizen

Impressum

Bibliografische Information der Deutschen Nationalbibliothek
Die Deutsche Nationalbibliothek verzeichnet diese Publikation in der Deutschen Nationalbibliografie; detaillierte bibliografische Daten sind im Internet über http://dnb.d-nb.de abrufbar.

Programmplanung: Celestina Filbrandt
Projektmanagement: Kathrin Hage

Umschlaggestaltung und Layout: CYCLUS Visuelle Kommunikation, Stuttgart

Bildnachweis:
Umschlaggrafik: Shutterstock.com
Zeichnungen: Grafikbüro Schaaf, Karlsruhe

1. Auflage 2019

© 2019 TRIAS Verlag in Georg Thieme Verlag KG, ein Unternehmen der Thieme Gruppe, Rüdigerstraße 14, 70469 Stuttgart

Printed in Germany

Satz und Repro: Fotosatz Buck, Kumhausen
Gesetzt in Adobe InDesign CS6
Druck: AZ Druck und Datentechnik GmbH, Kempten

Gedruckt auf chlorfrei gebleichtem Papier

ISBN 978-3-432-10905-3

1 2 3 4 5 6

Wichtiger Hinweis: Wie jede Wissenschaft ist die Medizin ständigen Entwicklungen unterworfen. Forschung und klinische Erfahrung erweitern unsere Erkenntnisse. Ganz besonders gilt das für die Behandlung und die medikamentöse Therapie. Bei allen in diesem Werk erwähnten Dosierungen oder Applikationen, bei Rezepten und Übungsanleitungen, bei Empfehlungen und Tipps dürfen Sie darauf vertrauen: Autoren, Herausgeber und Verlag haben große Sorgfalt darauf verwandt, dass diese Angaben dem Wissensstand bei Fertigstellung des Werkes entsprechen. Rezepte werden gekocht und ausprobiert. Übungen und Übungsreihen haben sich in der Praxis erfolgreich bewährt.

Eine Garantie kann jedoch nicht übernommen werden. Eine Haftung des Autors, des Verlags oder seiner Beauftragten für Personen-, Sach- oder Vermögensschäden ist ausgeschlossen.

Geschützte Warennamen (Warenzeichen®) werden nicht besonders kenntlich gemacht. Aus dem Fehlen eines solchen Hinweises kann also nicht geschlossen werden, dass es sich um einen freien Warennamen handelt.

Das Werk, einschließlich aller seiner Teile, ist urheberrechtlich geschützt. Jede Verwertung außerhalb der engen Grenzen des Urheberrechtsgesetzes ist ohne Zustimmung des Verlags unzulässig und strafbar. Das gilt insbesondere für Vervielfältigungen, Übersetzungen, Mikroverfilmungen und die Einspeicherung und Verarbeitung in elektronischen Systemen.

Für Fragen oder Anregungen:
Sabrina Haase
DynaMe Fitness and Health Management GmbH
Performance Institute Hamburg
Grindelhof 35, 20146 Hamburg
mail@breakingbadhabits.de
www.performance-Institute-hamburg.de

Besuchen Sie uns auf facebook!
www.facebook.com/
trias.tut.mir.gut

Lassen Sie sich inspirieren!
www.pinterest.com/
triasverlag